ちくま学芸文庫

青色本

ルートウィヒ・ウィトゲンシュタイン
大森荘蔵 訳

筑摩書房

Ludwig Wittgenstein
The Blue and Brown Books
Basil Blackwell, 1958

目次【青色本】

訳文について

一 「……」の中に更に引用符がある場合はすべて「……『……』……」の形にしてある。

二 〔……〕は訳者の補足部分である。当然それは訳者の解釈にならざるをえないが、解釈抜きの直訳では意味不明となる箇所が余りにも多いので補足を加えざるをえなかったのである。それをカッコで包んだのは甚だ目ざわりであろうが、訳者の解釈（誤解？）から離れて著者の意を復原、想像するのに幾分の助けになるであろう。

三 編者R・Rも言う通り著者がオーストリア人であるせいもあって原文の英語はごたごたした言いまわしが多い（しかし、恐ろしく正確でまた適確である）。それを幾分なりと読みやすい日本語（訳者の希望にすぎないが）にするために内容に影響がない範囲で或る程度自由に言い換えや人称名詞の交換、切り捨て、時称や仮定法の変更をした。もちろん好んでそうしたわけではない。内容に影響する恐れのある場合には日本語としては生硬で不自然な語句や言いまわしでもそのままにしてある。

（大森荘蔵）

青色本

『哲学探究』への先行的研究

青色本・茶色本

として普通知られている

第二版重版に際しての注意

P・スラファ氏所有の茶色本原本に従って第一版に二・三の訂正がなされた。七頁と四一頁の変更の他は大抵は句読点または文法上の改善であり意味には変化はない。改善にならぬような変更はしなかった。

この重版に際して第二版本文に訂正はないが索引が加えられた。

語の意味とは何か。

この問題に迫るためにまず、語の意味の説明とは何であるか、語の説明とはどのようなものかを問うてみよう。

こう問うことは、「長さはどうして測るのか」を問うことが「長さとは何か」という問題に役立つのと同じ仕方で役立つ。

「長さとは何か」「意味とは何か」「数1とは何か」等々、こういった問は我々に知的けいれんを起させる。それに答えて何かを指ささねばならないのに、何も指ざすことができないと感じるのだ。（哲学的困惑の大きな源の一つ、名詞があればそれに対応する何かのものを見付けねばこまるという考えに迫られるのだ。）

「意味の説明とは何か」の問から始めることには利点が二つある。［一つは］ある意味で「意味とは何か」の問題を地上におろすことになる。「意味」の意味を了解するためには「意味の説明」の意味を了解しておらねばならないことはもちろんのことだからである。簡単にいえば、「どういう説明であろうとその説明されることが意味なのだから、意味の説明とは何かを考えようじゃないか」ということ。［利点の二は］「意味の説明」という言語表現の文法を調べれば、「意味」という語の文法についても何かが明らかになり、「意味」と呼べそうな何かの対象を探す誘惑から君を解放してくれるだろう。

「語の意味の説明」と包括的に言われるものは、非常に大まかに言えば、言葉による定義と指ざしによる直示定義とに分けられる。この分け方が大まかで一応のものでしかないことは後ではっきりしよう（大まかで一応のものであること、これが重要である）。言葉による定義では、ただ一つの言語表現から別の言語表現に移るだけのことだから、ある意味では一歩も進まない。それに対し、直示定義は意味を知る方向に実質的な歩を進めるように思われる。

ただすぐ念頭に浮ぶ難点は、我々の言語の多くの語、例えば、「一つ」「数」「でない」等には直示定義がありそうにないことである。

問題。〔定義される語でなく〕直示定義自身も理解される必要ありや――直示定義も誤解されることがありうるのではないか。

その定義が語の意味を説明してくれるのならば、その語をそれ以前に聞いたことがあるかどうかはもちろん問題ではない。その語に意味を与えることが、その直示定義の仕事なのだから。そこで例えば、「タブ」という語を、鉛筆を指ざしながら、「これはタブだ」と言うことで説明するとしてみよう。（「これはタブだ」と言う代りに「これは『タブ』と呼ばれる」と言うこともできた。私がわざわざこうつけ足すのは、直示定義をするということは名をつけられる物について何かを述定することだという考えを今後一切おこさないためである。赤色を或る物に属性として述定する「これは赤い」という文と、「これは『赤』と呼ばれる」という直示定義との混同をさけるためである。）ところで、直示定義「これはタブだ」は実にいろいろに解釈されうるのである。その二、三を英語で用法が十分に確定している語を使ってあげてみよう。この定義は例えば次のような意味に解釈されうるのである。

「これは鉛筆だ」

「これは円い」

「これは木だ」

「これは一だ」

「これは固い」等々。


でもこれらの解釈はみな既に別の語言語（word-language）があることを前提にしている、という異議があるかもしれない。だがこの異議が問題になるのは、「解釈」をただ「語言語《ワードランゲージ》への翻訳」の意味に限る場合である。——この点をいま少し明瞭にすると思えるヒントを述べてみよう。ある人が直示定義をかくかくに解釈した、と言う時、我々は、［この言明の当否の］判定基準として何をとっているかを反省してみよう。あるイギリス人に「これはドイツ人が『Buch』と呼んでいるものだ」という直示定義を与えたと想像しよう。大多数の場合、イギリス人の頭には「book」という英語が浮ぶだろう。その場合、我々は、彼は「Buch」は「book」を意味すると解釈した、と言うだろう。しかし、例えば彼がこれまで見たこともないものを指さして「これはバンジョーだ」と言う時には事情が違うだろう。「guitar《ギター》」という語が彼の頭に浮ぶかもしれない、どんな語も浮ばずただ似た楽器のイメージが浮ぶかもしれない。あるいは全然何も浮んでこないかもしれない。そこで「ここにある物の中からバンジョーを取り分けろ」と彼に命じたとする。彼が、我々が「バンジョー」と呼ぶものを取り分けた場合には、「彼は『バンジョー』という語に正しい解釈を与えた」と恐らく我々は言うだろう。他の楽器を取り分けたなら、「彼は『バンジョー』を『絃楽器』の意味に解釈した」と。

だが我々は、「彼は『バンジョー』の語にかくかくの解釈を与えた」と言う場合、彼の取り分ける行為とは別に、解釈をするという、それとは独立した行為を想定し勝ちである。

この問題は次の問題と同類である。

私がある人に命じる、「牧場から赤い花を取ってこい」と。私は一つの語を与えただけなのに、彼はどんな花を持ってくればいいのかがどうしてわかるだろうか。すぐ浮んでこよう答は、彼は頭の中に赤いイメージを持ちながら赤い花を探しに行き、どの花がそのイメージの色をしているかを見付けるためそのイメージをあれこれの花と較べるのだ、というものである。たしかにそういう探し方がある。しかし、そこで使うイメージが心的なものであるかどうかは本質的ではないのだ。事実次のようなやり方も可能である。色紙と色名を対応させた図表を私は持っている。「先の」「……を取ってこい」という命令を与えられる。私は図表で「赤」という語から対応する色紙へ指で辿り、そして出かけていってその色紙と同色の花を探す。もちろんこういうやり方が唯一のものでもなし、また普通のやり方でもない。「普通は」そこに行く、まわりを見まわす、その花の所へ歩みよって摘む。それを何かと較べたりはしないで。命令を果すやり方がこの種のものでもありうることをみてとるために「赤い切れを想像してみよ」という命令を考えてほしい。この場合、その命令を果すに先立って、想像するように命じられた赤い切れの見本の役をする「もう一つの」赤い切れを想像せねばならぬ、と思いたくはなるまい。

　ここで、我々は命令を果すに先立って「命令の」語を解釈しているのだろうかと、考えてみ給え。すると、ある場合には、「たしかに」命令を果すに先立って解釈とも呼べる何かをしているが、そうしていない場合もあることがわかるだろう。

　言語の働きにはそれと固く結び付いたある独立した心的過程があり、その過程を通してでなければ言語は機能できないようにみえる。その過程とは、理解し意味するという［心的］過程である。我々の言語の諸記号はこれらの心的過程が伴わなければ死んでいるように思われる。更に、このような過程を喚起することが記号の唯一の機能のようにさえ思われる。そしてこれらの過程こそ、実際に我々が関心を抱くべきものに思える。だからして、名とそれが名指すものとの関係如何と尋ねられると、その関係は心理学的な関係だと君は答えたくなるのだ。そしてそう答えるとき君は恐らく［その関係として］特に連想の機構を考えているのだ。——我々は、言語の働きは二つの部分からなる、記号を操作する無機的な部分と、これらの記号を理解し意味［を付］し解釈し思考する、こうも言えよう有機的部分とからなると考えがちなのだ。ここにあげた各種の［心的］行為はみな心という奇妙な種類の媒体の中で起ることのように思える。それらが起る心的機構の性質については我々はよく了解しているとは思えないのだが、とにかくそれによってどんな物質的機構にもできないことが生じるように思われるのだ。例えば、考え（これもその心的過程の一つである）は現実と一致したりしなかったりできる。私は今ここにいない人のことを考えられる、彼を想像することができる、彼について何か言う時に「彼のことを意味する」ことができる。彼がたとえ何千哩の遠きにいても、また死んでいてもである。「決して起らないことを願望できるとは、願望の機構は全く不思議な機構であるに違いない」と言いたくもなろう。

思考過程のこの神秘的な外見の少なくとも一部を避ける方法がある。それは、これらの過程の中の想像の働きをすべて、現実の物を目で見る行為で置き換えてみるのである。例えば、「赤」という語を聞いて理解するときに、少なくともある種の場合には、心眼の前に赤いイメージがあることが不可欠のように思えよう。だが、赤の斑点を想像することを、赤い紙切れを見ることで置き換えてもいいではないか。[遠いは] 目で見る[赤紙の]像《イメージ》の方がずっと生き生きしていようだけのことである。色名が色斑と対応付けられている紙をいつもポケットに持ち歩いている男を想像してほしい。君は、そんな色サンプルの表を持ちまわるのはさぞ面倒だろう、連想機構こそその代りにいつも我々が使っているものだ、と言うかもしれない。しかしそういうのは見当違いだ、また、それは真実でない場合すら多くある。例えば、君が「プルシャン ブルー」という特定の色合いの青を塗るように命じられたとしたら、表を使って「プルシャン ブルー」の語から或る色サンプルに導かれ、それを君の色見本にする、ということをやらなければならない場合もあるだろう。

我々の目的にとっては、想像の過程《プロセス》をすべて、物を目で見る過程、絵や図を描くこと、または模型を作ること、で置き換えるのは一向に差支えない。また、内語を声を出して喋ることや書くことで置き換えるのも。

フレーゲは形式主義者の数学観を揶揄して、形式主義者はつまらぬものである記号と大切なものである意味とを混同していると言っている。もちろん、数学は紙の上の*ダッシュ記号を扱っているのではない、と言いたい。だが、フレーゲの考えは次のように表現できるだろう。数学の命題がもしダッシュ記号の組合せに過ぎないのなら、それらは死んだもので何の興味もない、しかしそれらは明らかに或る生命を持っている、と。そしてもちろん、［数学に限らず］どんな命題についても同じことが言えよう。意味《センス》を持たず、思想を持たないでは、命題は命のないがらくたである。更に、無機物的な記号をいくら加えても、命題を生かすことはできないことも明白に思える。そして人がこのことから引出す結論は、生きた命題にするために死んだ記号に加えねばならぬものは、単なる記号とは別の性質の何か非物質的なものである、ということになる。

＊自然数を0と′であらわすときのダッシュ′のことか？〔訳者〕

しかし、記号の生命であるものを名指せと言われれば、それは記号の使用(use)であると言うべきであろう。

かりに記号の意味(簡単に言えば、記号で大切なもの)が、記号を見聞きするとき我々の心の中に作り上げられるイメージであるとしても、先に述べたやり方で、この心的イメージを我々の眼に見える外的事物、例えば描かれたイメージ「つまり画」や模造されたイメージ「つまり模型」で置き換えてみよう。すると、書かれている「無機的な」記号がそれだけでは死んでいると言うのであれば、それに描かれたイメージをつけ加えたところでそれらが一緒になったものが生きる道理はない。――事実、君が心的イメージを例えば描かれたイメージで置換えて見たとたん、またそれによってイメージが神秘的性格を失ったとたん、そのイメージは文にいかなるものであれ命を附与するとは思えなくなるのである。(実のところ、君が自分の目的に必要としたのはまさにこの心的イメージの神秘的性格だったのである。)

我々のおちいりやすい誤りを次のようにも言えよう。我々の探しているのは記号の使用《ユース》であるが、それを何か記号と並んで存在しているもののように考えて探すのだ、と。(この誤りのもとの一つはまたしても、「名詞に対応する物」を求める、ということである。)

記号(文)はその意義《シグニフィカンス》を記号の体系、すなわちその記号の属する言語から得ている。簡単に言えば、文を理解することは言語を理解することである。

文は言語体系の部分としてのみ命をもつ、とも言えよう。だのに人は、文に命を与えるものはその文に随伴する、神秘的な領域にある何かであると想像する誘惑に負けるのである。しかし、たとえ文に随伴するものがありとしても、すべてそれは我々にとってまた一つの記号にすぎぬであろう。

一見したところ、思考にその独特な性格を与えるのは、それが一連の心的状態であるということにあるようにみえる。そして、思考の奇妙でもあり理解しにくくもある点は多分、それが心という媒体の中で、またこの媒体の中でしか起ることのできない過程だということである。この心的媒体の比喩として我々に自然に浮んでくるのは、細胞原形質、例えばアミーバの細胞原形質の比喩である。アミーバが腕をのばして食物をとりこむ、同じような細胞に分裂し、その各々が成長してまた元の細胞と同じように振舞う、こういったことを我々は観察する。そして我々は言うのだ、「こんな動きをするには、原形質とは奇妙な性質のものではなくてはなるまい」と。恐らく「それに加えて更に」どんな物理的機構もこのように振舞うことはできまい、アミーバの機構は全く別種のものに違いない、と言うだろう。それと同様に、「心のすることをするためには、心の機構はとてつもない風変りな種類のものでなくてはなるまい」と言いたくなるのだ。しかしここで我々は二つの誤りを犯している。というのは、思想《ソート》と思考《シンキング》について我々に奇妙だと思わせたものは、それが我々にはまだ（因果的に）説明できない奇異な結果を生む、ということでは全然なかったのである。換言すれば、我々の問題は科学的問題ではなかったのであり、ただ我々には問題として見えた混乱だったのである。

心理学的研究の成果として、ある心-モデル、そう言ってよかろうが心の働きを説明するモデルの製作を試みたと想像しよう。このモデルは、エーテルの力学的モデルが「もし可能ならば」ある電気理論の一部であるのと同じ風に、ある心理学的理論の一部であるだろう。（一言注意するが、このようなモデルは常に、ある理論の表現記法の一部であり、「それに含まれている」その利点は一目に見てとれ記憶しやすいこと「だというのは多分正しい」だろう。「だが」モデルはある意味で純粋理論に衣を着せるのであって、裸の理論は文や方程式「だけ」だ、とよく言われるが、この点は後にもっと精しく検討されねばならない。）

このような心-モデルは、観察される精神活動を説明するためにはひどく複雑でこみ入ったものでなければだめなことがわかるだろう。そのことのゆえに、心を奇妙な種類の媒体と呼ぶことはかまわない。しかし、心のこの側面には我々は関心をもたない。その側面から生じる問題があってもそれは心理学の問題であり、その解決方法は自然科学の方法である。

さて、我々の関心は「心的作用の」因果結合にはない。とすれば、心の働きは我々の前にあけっぴろげになっているのだ。我々が思考の本性について思い惑っている時、媒体の本性についてのものだと勘違いしている困惑は、実は、言語を神秘的に使うことから生じる困惑なのである。この種の勘違いは哲学では幾度となく繰り返しおこる。例えば、時間の本性「が何か」に困惑する時。時間が何か奇妙な物に思える時。ここには隠された物、外から見ることはできるがその中をのぞきこむことのできないものがある、という考えに何にもまして強く誘われる。しかし、そんなものがあるわけではない。我々が知りたいのは時間についての新事実なのではない。「そして」我々の問題となる事実は全部あけっぴろげに「目の前に」あるのだ。我々を煙に巻くのは名詞［時間］の神秘的な使われ方なのである。だがこの語の文法をよく見てみれば、人類が時の神を考えたという事は、否定の神や撰言の神を考えるのに劣らず驚くべきことだと感じよう。

こうして、思考を「心の働き《メンタルアクティヴィティ》」として語るのは誤解を招きやすい。思考は本質的には記号を操作する働きだと言えよう。この働きは、書くことで考えている場合には、手によってなされる。話すことで考えている場合には、口と喉によってなされる。だが、記号や絵を想像することで考えている場合には、考えている主体《エージェント》を与えることができない。その場合には心が考えているのだ、と言われれば、私はただ、君は隠喩《メタフォア》を使っている、［君の言い方で］心が主体であるのは、書く場合の主体は手だと言える場合とは違った意味でである、ということに注意を向けてもらうだけだ。

更にもし、思考がおこなわれる場合を云々するなら、その場所は書いている紙、喋っている口だと言う権利がある。ここでもし、頭や脳を思想の場所だと言うとすれば、それは「思考の場所」という表現を違った意味で使っているのである。頭を思考の場所と呼ぶ理由は何であるかを検討してみよう。そういう表現の形を批判したり適切でないことを示すのがその意図ではない。なすべきことは、その表現の働き、その表現の文法を理解することである。例えば、その文法が、「口で考える」また、「紙上の鉛筆で考える」という表現とどういう関係にあるかをみることである。

　思想の場所は頭だと言いたい気がこうも強い主な理由は恐らく次のことである。「思考」や「思想」という語が、書く、話す、等といった（身体的）動作を指す語と並んで在ることが、「思考」という語に対応する一つの動作、身体的動作とは異なるがまたそれに似た動作を我々に求めさせるのである。日常言語の語が「他の語と」一見したところ似た文法をもっていると、我々はそれらを似た仕方で解釈しようとし勝ちである。――我々は言う、「思想は文と同じではない。英語の文とフランス語の文とは全く異なるのに同じ一つの思想を表現できるのだから」と。そして、文はある場所に在るので、思想にもその在り場所を探すのである。（一つ一つのチェス駒セットの王の木駒にはそれぞれの在り場所があるが、それらの在り場所に対抗して、チェス規則が述べる王にもその在り場所を探すようなものである。）――「[だが」たしかに思想は何かのものであって無ではない」と言われよう。それに対してはただ、「思想」という語はその使われ方（use）をもっており、それは「文」という語の使われ方とは全く違ったものである、と答えられるだけである。

このことは、思想が浮ぶ場所を云々するのは無意味だ、ということだろうか。もちろん否である。この「思想が浮ぶ場所、という」句は、それに人が意味を与えれば意味をもつのである。では、我々が「思想が頭に浮ぶ」と言うとすれば、この句を冷静に理解したときの意味は何であろうか。私が思うにそれは、思想に「頭の中の」ある生理学的過程が対応しており、この対応の仕方を知っておれば生理学的過程の観察によって思想がわかる、ということであろう。だがどういう意味で、生理学的過程が思想に対応すると言えるのか、また、どういう意味で、脳の観察から思想がわかると言えるのか。

　我々はその対応の仕方は実験的に検証されたものとしているようだ。そこでそのような実験を大ざっぱに想像してみよう。「その実験とは」被験者が思考している時その脳を見るのである。だがこの私の説明はうまくゆきそうにない理由がある、当然実験者は被験者の思想を、ただ間接的に被験者があれこれ表現して教えてくれることでしか知ることができない点だ、と君は思うかもしれない。この難点を除くために、被験者が同時に実験者である、つまり、鏡その他の方法で自分自身の脳を見ているものと仮定する。（この描写の粗雑さがこの議論の力を些かでも弱めることはない。）

そこで君に尋ねるが、この被験者‐実験者は一つのものを観察しているのか、それとも二つのものを。（彼は一つのものを内側と外側の両方から観察しているのだ、とは言わないでくれ給え。それで困難が除けるわけではないから。内側と外側については後に話すつもりである。）被験者‐実験者は二つの経験の相関を観察しているのである。その中の一つを、彼は恐らく思想と呼ぶ。この「思想と呼ばれた」ものはイメージや有機的感覚の連なり、時には文章を書いたり話したりする時の様々な視覚的、触覚的、筋覚的経験の一連からなるとされよう。――今一方の経験は、彼の脳の動きを見る経験である。この「二つの」経験のいずれも「思想の表出《エクスプレッション》」と呼んでもいいだろう。そして、混乱を避けるためには、「思想それ自身はどこにあるのだ」という設問は、無意味として拒ける方がいい。それでもなお「思想は頭に浮ぶ」という表現を使うとしたら、我々はそれによって、「上の実験のような、内的*思想と大脳との対応という」経験の叙述を意味しているのである。その経験が、思想は頭に浮ぶという「対応の」仮説の証左だと「考え」、その経験を我々は「思想を脳の中に観ている」経験だと呼びたいのである。

＊L・Wは「内的」とは言わないだろうが。〔訳者〕

つい我々は忘れがちであるが、「場所」という語は多くの違った意味で使われるものなのである。また、或る物［の場所］についての陳述にもさまざまに異なる種類のものがあり、この［場所という］語の一般的用法に合致してその陳述を場所指定の陳述と呼んでよいのは特定の場合に限られる。例えば視覚空間の場所は頭の中だと言われることがあるが、こう言いたくなるのは一部は文法的誤解によるものだと思う。「私の視野の中で、木の姿は塔の姿《イメージ》の右手に見える」とか「木の姿は視野の真中に見える」と言うことはできる。ところがここで、「じゃあ、視野はどこに見えるんだ」と聞きたくなるのである。この「どこ」が、木の姿《イメージ》のあり場所を指定したときの意味での場所をきいているのならば、君はこの質問に何もまだ意味を与えていないことに注意してほしい。つまり、その具体的内容をはっきりさせぬまま、ある文法的比喩に頼って事をみている、ということに。

視野は脳の中に在るという考えは文法的誤解から生じたと、私は言ったが、そのような場所指定に一切意味を与えることはできぬと言うつもりではない。例えば、［「視野は脳の中にある」というような］陳述で述べられてしかるべき経験を想像することは容易にできよう。この部屋のあれこれのものを注視している場合を想像し給え。

我々が注視しているとき、探針が我々の脳に差しこまれるとする。そして、探針の先が脳のある場所にとどくと、我々の視野の特定の小範囲が消失することがわかったとする。この仕方で、脳の各場所と視野の各場所とを対応させることができないでもあるまい。［それができた場合には］視野は脳のかくかくの場所に位置すると、我々は言うことになるかもしれない。そのときもし、「この本の姿《イメージ》はどこに見えるか」という質問をうければ、答は（先と同じく）「あの鉛筆の右」とか「視野の左半分」とかでありうるが、また、「私の左の眼の三インチ奥」と答えることもありうる。

だがもし人あって、「たしかに私は視覚イメージを鼻のつけ根の二インチ奥に感じるんだ」と言ったとすればどうだろう。――どう彼に言えばいいのか。君はほんとのことを言っていないとか、そんな感じはありえないとかと言えばいいのだろうか。だが彼が「君はありとあらゆる感じを知っている［とでも言う］のか。どうして［私のいう］あの感じはないとわかるのか」と言い返したら。

もし水脈占いが、占い杖を手にすると地下五フィートに水があるのを感じるのだと言ったとしたら。あるいは、地下五フィートに金銅鉱があるのを感じると言ったとしたら。そしてそれを疑う我々に、「君は目で長さを見積ることができるだろう。私が別の見積り方をしてどこがいけない」と答えたと考えてみたまえ。

「だが」そのような見積り観念「の意味」をよく理解すれば、水脈占いや鼻の付け根の奥に視覚イメージを感じると言う人の言葉に、我々が抱く疑惑の性質が明らかになろう。

「この鉛筆の長さは五インチだ」という陳述、そして「この鉛筆の長さは五インチだと感じる」という陳述がある。我々は、始めの陳述の文法と第二の陳述の文法との関係をはっきりさせねばならない。「私は手に、地下三フィートに水があるのを感じる」という陳述に対して「それは何を意味しているのかわからない」と答えたくなろう。だが水脈占いはこう言うだろう、「いやその意味を君はもちろんわかっているのだ。君は『地下三フィート』が何を意味するか知っているし、『私は感じる』が意味することも知っているじゃないか！」、と。これに対して私は答えよう、私はある文脈の中で語が意味する所を知っているのだ。例えば、「地下三フィート」という句を理解するのは、「測定によれば水は地下三フィートを流れている」「三フィート掘り下げれば水にぶつかるだろう」「水深は目測で三フィート」、こうしたつながりの中でなのだ。しかし、「水は地下三フィートにありとの私の手の感じ」という表現の使われ方《ユース》は説明してもらわねば私にはわからない。

水脈占いにこう尋ねることもできよう、「君は『三フィート』という語の意味をどういう風にして習ったのだ。その長さのものを見せられたり、その長さを測ったり、といった式でだったろう。だがまた、水は地下三フィートにあるという感じ、君の手の中の感じでもいいが、その感じを云々することも教えられたのか。もし教えられていないとすれば、君が『三フィート』という言葉を君の手の中の感じと結びつけるのは何によってなのだ」と。我々はいつも長さは目で測って、指あてで測った経験がない、としてみよう。すると、[開いた]指を繰返しあてることで物をインチ単位で測ることが我々にどうしてできよう。つまり、インチ単位の指測りの経験をどうして理解できようか。問題は、例えば[指測りするときの]触感覚と物をヤード尺を使って[目で]測る経験の間にいかなるつながりがあるか、なのである。このつながりが「ある物が六インチの長さだと感じる」とはどういう意味なのかを教えてくれるのだ。それに対して水占い師が「私は水の地下深度と私の手の感じを対応付けるように習ったことは全然ない、しかし、私が手に或る緊張感を感じるときには『三フィート』という言葉が頭に涌きだしてくるのだ」と言ったとすれば、こう答えるべきだ、「それは、君が『深さが三フィートと感じる』で意味することの立派な説明になっている。そして君がそれを感じるという陳述の意味はまさに君が与えたその説明そのものであって、それ以上でも以下でもない。更にもし、実際の水の深度が君の頭に浮ぶ『nフィート』という言葉といつも一致することを経験が示すなら、君の体験は水の深度をきめるのに非常に役立つだろう」と。――だがそういうためには、「水の深度はnフィートだと感じる」という言葉の意味を説明してもらわなければならなかったことが君にもわかるだろう。普通の意味での（すなわち、普通の文脈の中での）「nフィート」という語句の意味がわかっていても、上の言葉の意味はまだわかっていなかったのである。――視覚イメージを鼻の付け根の奥二インチに感じるという男は嘘をついているとかナンセンスを話している、そうは言わない。だが、そういう言い方の意味がこちらにはわからない、と言うのだ。それは、よくわかった言葉の組合せだが、われわれに今の所まだわからない仕方で組合せられているのだ。この句の文法はなお説明してもらわねばならないのだ。

　水占いの答弁を検討することが大切なのは、「pが事実であると私は感じる（または、信じる）」と主張するだけで、既に陳述pに意味を与え済みだと思ってしまうことが多い、という事実があるからである。（ハーディ教授の言、自分はゴールドバッハの定理が真だと信ずる故に、その定理は［有意味な］命題である、については後程*ふれよう。）既に述べたように、ただ通常の場合での「三フィート」という語の意味を説明するだけでは、まだ「水は三フィート云々と感じる」という言い方の意味を説明したことにはならない。だがもし水占いが、例えば特別な感じがしたら必ず水を求めて掘るというようにしてえられたその感じと深さの測定との相関によって水の深さを見積ることを習った、と言ったとしたら、前述の困難を我々は感じなかったはずである。そこで見積り方を習う過程と［実際の］見積り行為との関係を検討せねばならない。この検討の重要性は、それが、語の意味の習得とその語の［実際の］使用との間の関係にもあてはまる点にある。更に一般的に、規則とその［実際の］適用の間にさまざまにありうる関係を示す、という点にある。

＊これは実行されなかった。〔編者〕

ものの長さを目で目測する過程を考えてみよう。「目測」と我々が呼ぶ過程には実に様々なものがある、このことを認識することが極めて重要である。

次のような場合を考えてみ給え――

(1) 誰かに聞かれる、「この建物の高さを君はどうやって見積ったのか」。私の答えは、「これは四階で、各階およそ一五フィートの高さと思うので、およそ六十フィートになる筈だ」。

(2) 別の場合には、「この距離では一ヤードがどれ位にみえるか大体の見当がつく。だからあれはおよそ四ヤードの筈だ」。

(3) また別の場合。「背の高い男ならあのあたりまで頭がとどくだろうと思う。だからあれは地上およそ六フィートに違いない。」

(4) また。「どうやったかしらない。ただあれは一ヤードに見えるんだ。」

この最後のケースは人をとまどわせよう。「このケースでは、長さを見積もったとき何がどうしたのだ」と聞くときの正しい答は「彼はその物を見て、『一ヤードに見える』と言った」ということだろう。これが「その時」起ったことのすべてである場合もありうるのだ。

もし水占いが深さの見積もり方を習ったのだと言えば、彼の答にとまどうことはなかった、と上に述べた。さて、見積もりの習得は「個々の」見積もり行為と、大ざっぱに言って、異なった二つの関係の中で見うる。すなわち、見積もり「行為の」現象の原因として、また、見積もるときに我々が使う規則（表、図、それに類するもの）を与えるものとして。

私が誰かに「黄色」という語の用法を教えるのに、黄色の切れを指してその語を発音することを繰返すとする。その後ある機会に、彼に「この袋から黄色いボールをえらび出せ」という命令を与えて、習得したことを実地に適用させてみる。その命令を彼が果した際に起きたことは何であったろう。「恐らく次のことだけである。彼は私の言葉を聞いた、そして袋から黄色のボールを取り出した」、こう私は言おう。だが君は、とてもそれで全部である筈がないと考えたくなるだろう。そして君が提案しそうなことは、命令を了解した時彼は何か黄色いものを想像したのでありその後刻そのイメージに従ってそのボールを選んだのである、というたぐいであろう。「しかし」このたぐいのことが不可欠なのではない、このことを見てとるにはただ、この場合私は「黄色の切れを想像せよ」という命令を与えることもできたことを*思い起してくれればいい。「その場合にも」なお君は、彼はまずその命令の了解だけをして黄色の切れを想像する、ついで「命令の実行として」それと同色の「もう一つの」黄色の切れを想像するのだと思いたいのか。（こういうことは不可能だと言うのではない。ただこういう言い方そのものが直ちに君に、そういったことが起る必要はないことを示すだろう。またこれはたまたま哲学の方法の一つの事例になっている。）

＊一二頁。〔訳者〕

「黄色」の語の意味を、或る種の直示定義（この語の用法の規則）を与えられることによって教えられる場合、この学習もまた二た通りの観点から眺められる。

A、学習は訓練である［との見方］。この訓練が原因となって、黄色のイメージや黄色の物を「黄色」の語と連合させることになる。だから［先に］「この袋から黄色のボールをえらび出せ」という命令を与えたとき、「黄色」の語が黄色のイメージを呼びおこしたり、あるいは、その人の眼が黄色のボールに落ちたとき認知の感じが呼びおこされたり、ということもありうる。この場合、学習訓練は、心理的な機構《メカニズム》を作りあげたと言えば言えよう。しかし、そうは言ってもそれは仮説かさもなくば隠喩《メタフォア》に過ぎない。学習を、電球とスイッチの間に電気回路を入れることになぞらえる（compare）こともできよう。すると結線が故障したり切れたりすることに当るのは、語の説明または意味を忘れると我々が言うものであろう。（「語の意味を忘れる」ことの意味については更に語らねばならない＊。）

＊だが語られることはなかった。〔編集者〕

学習が連想や認知感等々を生ぜしめる限り、それは理解したり、命令に従ったり等々の現象の原因である。［だが］このような結果を生じるためには、学習過程がなくてはならぬ、というのは一つの仮説である。その意味で、理解したり、命令に従ったり等々の過程全部が、言語学習を一切うけなかった人に生じた、ということもありえぬことではない。（今のところでは、これは非常にパラドキシカルに思えようが。）

B、［今一つの見方では］学習は、理解する、命令に従う、等々の過程の中に含まれている或る規則を与える。ここで「含まれている」(involved) とは、この規則の発現《エクスプレッション》がこれらの過程の一部をなしている、という意味である。

我々は、「規則と合致した過程」「規則が（上の意味で）含まれている過程」、とでも呼べる［二種類の］過程＊を区別せねばならない。

例をとろう。誰かが私にカージナル数を二乗することを教えるとする。彼は数列、

１　２　３　４

を書きくだし、私にこれらを二乗することを求める。（ここでもまた、「心の中」でおこる過程は何であれ紙の上の計算で置き換えることにする）上の数列の下に私が

1　4　9　16

と書くとする。私が書いたものは、二乗の一般的規則と合致している。しかしまた、それ以外の無数の規則とも合致していることが明白である。そして、それらの規則の中の一つに他のものよりよりよく合致しているということはない。［ということは］上に述べた、規則が或る過程に含まれているの意味では、ここにはいかなる規則も含まれていない。［更に］上の答をだすのに私が1×1　2×2　3×3　4×4と計算（ここでも、その計算を書きつける）したとしても、これもまた無数の規則と合致している。しかし、答をだすために、私が「二乗規則」と言えるものを例えば代数的な形で書きつけたとすれば、こんどはその規則は［答の数列に］含まれている。それ以外の規則は含まれていない、［と言える］意味で含まれている。

＊自然数の意味にとって差しつかえない。〔訳者〕

規則の記号《シンボル》が計算の一部をなしている、と私なら言いたい場合に、その規則は理解する、命令に従う、等々の中に含まれていると言うのである。（思考や計算の過程がどこでおきるのかには関心がないのだから、我々の目的のためには計算はすべて紙の上に［書いて］なされると想像してよい。外的と内的との区別は我々の関心事ではない。）

Bのケースの特徴を明確にあらわす事例は、実際に表を使って命令を理解し実行する学習であろう。チェスを教えられるときにはその規則を教えられるだろうが、その規則はチェスを実際に指すときの行為の中に必ずしも含まれている必要はない。しかし、含まれている場合もあるのである。例えば、規則が図表の形で表わされていると想像してほしい。縦の一列に駒の形が描かれており、それと並んで各駒の「自由」（許された動き）を表わす図式がかかれている。そしてゲームのやり方として、図表の駒形の絵からその［駒の］可能な動きの［図式］へ指で辿り、そして始めてその一つの動きをさすことがそのやり方に含まれているとするのである。

この場合には、行為（理解する、命令を実行する、長さを目測する等の）に先立つ仮説的な［因果］前史《ヒストリー》としての学習は考慮の外におくことができる。まず教えられついで「実地に」適用される規則も、その規則がその適用の中に含まれている場合に限ってのみ考慮の対象となる。我々の考慮の対象となる規則は、遠隔作用をやらない。

或る人に色紙を指して「私はこの色を『赤』と呼ぶ」と言ったとする。その後に「私のために赤色を描いてみてくれ」と命じる。彼が描いたら彼に聞く、「私の命令を実行するのになぜほかの色でなくこの色を描いたのか」と。彼の答は次のものでありうる。「(彼に与えられたサンプルを指しながら) この色が赤と呼ばれた。そして御覧の通り、私が描いたのはこのサンプルの色をしている。」これは、命令を彼がその仕方で実行した理由を述べたのだ。人がしたこと言ったことに対して理由を述べることは、その行為に至る道程《ウェイ》を示すことである。或る場合には、ただ自らが歩んだ道を話すことであり、或る場合には、自分が受入れた或る規則に合わせてそこに至った道を描写することである。だから、「私の命令を実行するのになぜほかの色でなくこの色を描いたのか」と尋ねられたときに、この人はこの特定の色合いを選ぶにあたって彼が実際にとった道を描写するといった場合もあろう。例えば彼が「赤」の語を聞いてから私が彼に与えた「赤」と記されたサンプルを取り上げそれを写してその色を描いたのであれば、彼の答はそれをその通りに描写することであったろう。それとは違い、彼は「機械的に」あるいは記憶のイメージによって描いたのに、理由を述べるよう求められると同じくまたサンプルを指して自分の描いたものはそれと同じ色だと言う場合もあろう。この場合の理由とは、［上にあげた二種類の理由の］第二の種類のものである。すなわち事後の正当化に他ならない。

さて、それに先立つ学習がなければ命令の理解や実行はありえないと考える人は、命令の理解や実行の理由としてその学習を考えているのである。人が歩くために道路が必要なように。ここには、一つの命令が理解され実行されたからには、その理解や実行ができた理由がなくてはならぬという考えがあるのだ。事実更に無限に遡ぼる理由の連鎖がなくてはならぬ、と。これは、「君がどこに居るにせよ君はどこか他の場所からそこに来た筈であり、その他の場所には更に別な場所から来たのでなければならぬ。以下無限に続く」、と言うようなものである。（それとは違い、「君がどこに居ようと、十ヤード離れた別の場所からそこに来ることもできた、その別の場所にはまた十ヤード離れた第三の場所から来ることもできた、以下無限に続く」、という場合には、［終着点に至る］道のとり方の無限の可能性が強調されているのである。このように、有限の線分はきりなく分割できる、すなわちその分割の可能性には終りがない故に、それは無限個の部分からなると考えるのと似た混同から、この理由の無限連鎖の考えが生じてくるのである。）

だがそう考えないで、現実の理由には始めがあるのだということを一旦認識するならば、或る命令の果し方には理由が一切ない場合もあるという考えに君が反発することもなくなるだろう。しかし、ここでは今一つの混同、理由と原因の混同が入りこんでくる。「なぜ」という語の多義的な用法のために、人はこの混同にひきこまれる。それで、理由の連鎖が終りになったのに更に「なぜ」と尋ねられると理由の代りに原因を与え勝ちになるのだ。例えば、「君に赤の色を描くように言ったとき、なぜ君は他の色でなくまさにこの色を描いたのか」という質問に、君はこう答える、「私は前にこの色のサンプルを見せられ、同時に『赤』という語が私に発音された。そのため『赤』の語を聞けば今ではいつもこの色が頭に浮ぶので」と。このとき君は君の行為の原因を与えたのであって理由を与えたのではない。

君の行為の原因はかくかくだ、という命題は一つの仮説である。この仮説が十分根拠づけられるのは、大まかに言えば、多数の経験が一致して君の行為は或る条件に恒常的に引続いて起ることを示した場合である。そして我々はその条件をその行為の原因と呼ぶのである。［しかし］君が或る陳述をする、特定の仕方で或る行為をする、等に対する理由を知るためには、相互に整合的な経験などは一つも必要ではないし、その理由を述べる陳述は仮説などではない。「理由」と「原因」の文法の違いは、「動機」と「原因」の文法の違いに非常によく似ている。原因については知るとは言うことはできず、ただ推測すると言えるだけである。他方、動機についての話しで、「もちろん、私がなぜそれをしたか私が知らぬはずがない」とよく言われる。「我々は原因は唯推測できるだけだが、動機は知っている」と私が言うとき、この陳述は文法的陳述であることが後*に明らかになるだろう。この陳述の中の「できる」は論理的可能性をいっている。

＊一二九頁。〔訳者〕

原因を問い、動機を問う、という「なぜ」という語の二重の使い方が、動機は単に推測できるだけではなく知ることができるという考えと一緒になって、動機を我々が直接意識する原因、「内側から見られた」原因、または体験される原因だとする混同を生むのだ。——理由を述べるのは、或る結果に君を導いた計算を示すことに似ているのである。

さて、考えるとは本質的には記号を操作することだ、と述べたことに*もどろう。その要点は、「思考は心の働き《メンタルアクティビティ》だ」と言うことは人を誤解させやすい、ということであった。思考とはどんな種類の働きなのかという問は、「思考はどこでおきるのか」［という問］に類似している。我々は後者の問には、紙の上で、頭の中に、心の中にと答えられる。場所を言うこの答のどれも、思考のきまった一つの場所（*the* locality）を与えてはいない。この答のそれぞれの場所指定はすべて場所指定の正しい用法である。しかし、それらの言語的形式が似ているということから、それらの文法［もまた似ているという］誤った考えに導かれてはならない。例えば、「思想の本当の場所は頭の中だ」と言うように。同じことが、思考を一つの働きとみる考えの場合にも言える。思考は、書いている手の、喉の、頭の、心の、働きだ、と言うのはこれらの陳述の文法を［正しく］理解しているときのみ正しい。更に、これらの表現を誤解するとこれらの陳述の中の或る一つの陳述が思考の働きの本当の座を与えているとの考えに導かれる。このことを認識することが極めて重要である。

＊二〇頁。〔訳者〕

思考が手の働きの如きものだと言うことには異議があろう。思考は「プライベートな経験」の一つだと、人は言いたくなる。物質的な事柄じゃなく、プライベートな意識の中の出来事だと。この異議は「じゃ、機械も考えることができるのか」という問の中にも現われている。*のち程これについて論じるつもりであるが、今はただ君にこれに類似した問をするにとどめる、「機械は歯痛を感じうるか」。君はもちろん「機械は歯痛を感じることはできない《キャンノット》」と言いたいのだろう。だが今はただ、「できる《キャン》」という語の君の使い方に注目してもらい、「［できないとは］我々のこれまでの経験では機械が歯痛を感じたことはない、という意味なのか」と聞くだけにしておく。［だが実は］君の言う不可能性は論理的不可能性なのだ。［そこで］問題はこうなる、思考（又は歯痛）と、思考する、歯痛を感じる、等の主体との関係如何。ここではこれ以上言うまい。

＊一一・一二頁を見よ。このことについて二、三新たな言及あり。〔編集者〕

思考とは本質的には記号を操作することだと言うとき、君の最初の質問は、「では記号とは何か」であるかもしれない。——この質問に何らかの一般的な答をする代りに、「記号を操作する」と言いうる具体的ケースのあれこれを君に注意深く観察することを求めたい。言葉［という記号］を操作する簡単な一例をみてみよう。私が誰かに「八百屋からリンゴを六つ買ってきてくれ」と命じる。このような命令を「実地に」果たす仕方の一つを描写してみよう。「リンゴ六つ」という字句が紙切れに書かれていて、その紙が八百屋に手渡される、八百屋は「リンゴ」という語をいろんな棚の貼札とくらべる。彼はそれが貼札の一つと一致するのを見つけ、一から始めてその紙片に書かれた数まで数える、そして数を一つ数える毎に一個の果物を棚から取って袋に入れる。——これは言葉が使われる一つの仕方である。以後たびたび私が言語ゲーム(language game)と呼ぶものに君の注意をひくことになろう。それらは、我々の高度に複雑化した日常言語の記号を使う仕方よりも単純な、記号を使う仕方である。言語ゲームは、子供が言葉を使い始めるときの言語の形態である。言語ゲームの研究は、言語の原初的《プリミティブ》な形態すなわち原初的言語の研究である。我々が真偽の問題、「すなわち」命題と事実との一致不一致の問題、肯定、仮定、問の本性の問題、を研究しようとするなら、言語の原初的形態に目を向けるのが非常に有利である。これらの「問題での」思考の諸形態がそこでは、高度に複雑な思考過程の背景に混乱させられることなく現われるからである。言語のかような単純な形態を観察するときには、通常の言語使用を蔽っているかにみえるあの心的《メンタル》な「ものの」霧は消失する。明確に区分された、くもりのない働きや反応が見られる。それにもかかわらず、それらの単純な過程の中に、もっと複雑な［通常の］言語形態に連続している言語形態をみてとれる。この原初的形態に漸次新しい形態を付け加えてゆけば、複雑な形態を作り上げられることがわかる。

この方向に探究を進めるのを障げているのは、一般的なもの（generality）への我々の渇望である。

この一般的なるものの渇望は、それぞれ或る哲学的混乱と結びついている思考傾向が幾つか合わさったものである。その思考傾向には次のようなものがある——

(a) 普通、或る一般名詞に包摂される対象《エンティティ》のすべてに共通な何かを探す傾向。——例えば、すべてのゲームに共通なものがなければならない、この共通な性質こそ一般名詞「ゲーム」をさまざまなゲームに適用する根拠である、と我々は考えやすい。しかしそうではなく、さまざまなゲームは一つの家族を形成しているのであり、その家族のメンバー達に家族的類似性（family likeness）があるのである。家族の何人かは同じ鼻を、他の何人かは同じ眉を、また他の何人かは同じ歩き方をしている。そしてこれらの類似性はダブッている。一般概念とはその個々の事例すべてに共通な性質だという考えは、言語構造についての他の素朴で単純すぎる考えとつながっている。この考えは［例えば］性質はその性質を持っている物の成分だという考えと同じ類のものである。その考えでは、例えば美は、アルコールがビールやワインの成分であるように、美しい物の成分であり、したがって、何であれ美しい物で混ぜものにされさえしなければ、我々は純粋無垢の美をもちえたことになる。

(b) また、我々の普通の表現形式に根ざした或る傾向がある。一般名詞、例えば「葉」という名詞を学び知った人なら、それにともなって［必らず］個々の葉の像《ピクチャー》とは別な、何か葉の一般像なるものを獲得している、と考える傾向である。その人は「葉」という語の意味を学ぶときいろいろな葉を見せられるが、個々の葉を見せるのは単に、「彼の中に」或る種の一般的イメージと思われる観念《アイディア》を産みだすための一法だった、と。我々は、［今や］彼はこれら個々の葉すべてに共通なものを見てとっている、と言うのだ。もしそれが、彼は尋ねられればそれらの葉に共通な或る特徴や性質をあげる、という意味なのならば誤りではない。しかし、我々は、葉の一般観念とは何か視覚的イメージのようなもの、だがただすべての葉に共通なものだけを含んでいるもの、と考えがちなのである。（ゴールトンの重ね写真。）この考えは再び、語の意味とはイメージあるいは語に対応する事物であるという考えとつながっている。（簡単にいえば、語をすべて固有名のように考え、ついでその名の担い手を名の意味に取り違えることである。）

（c）また再び、「葉」「植物」等々の一般観念を把握するときに何がおきているのかについての我々の考えは、仮説的な［生理学的］心的機構の状態の意味での心的状態と、意識の状態（歯痛等）の意味での心的状態との混同に結びついている。

（d）一般的なるものへの我々の渇望には今一つ大きな源がある。我々が科学の方法に呪縛されていること。自然現象の説明を、できる限り少数の基礎的自然法則に帰着させるという方法、また数学での、異なる主題群を一つの一般化で統一する方法のことである。哲学者の目の前にはいつも科学の方法がぶらさがっていて、問題を科学と同じやり方で問い且つ答えようとする誘惑に抗し難いのである。この傾向こそ形而上学の真の源であり、哲学者を全たき闇へと導くのである。ここで私は言いたい。それが何であれ、何かを何かに帰着させる、またそれを説明するというのは断じて我々の仕事ではない、と。哲学は事実として「もともと」「純粋に記述的」であるのだ。

（「感覚与件（sense data）は存在するか」といった問を考えて見給え。そして、その問に決着をつける方法は何であるか、と問うて見給え。内観?)

「一般的なるものの渇望」と言う代りに、私は「個別的ケースへの軽蔑的態度」と言うこともできた。或る人が数の概念を説明しようとして、かくかくの定義は例えば有限カージナル数にしか適用できぬ故に役に立たぬとかすっきりしないと言うとすれば、私は、そのような限定された定義を彼が与えることができた、そのことだけでこの定義は我々に非常に重要なものとなる、と答えたい。(エレガンスが我々の求めるものではない。)なぜなら、有限数から超限数までに共通することの方が、それらを区別するものよりもより興味があるという理由があろうか。いやむしろ「より興味がある理由があろうか」と言うべきではなかった。——そうではないからである。こういうのが我々の考え方の特徴である。

論理におけるより一般的なものとより限定されたものに対する[差別的]態度は、混同を起しやすい「種類」という言葉の使い方に結びついている。我々は、数の種類、命題の種類、証明の種類について語る。そしてまた、リンゴの種類、紙の種類等について語る。一つの意味では、種類を定めるものは甘さ、固さ等の性質である。だが別の意味では、種類の違いは文法構造の違いなのである。果実栽培学の論説なら、それが或る種類のリンゴに言及していなければ不完全だといわれても仕方がない。この場合には、自然の中に完全性の基準がある。それと違う場合として、チェスと他の点では同じだがただ歩を使わない点でそれよりも簡単なゲームがあるとする。このとき、このゲームは不完全だと言えるだろうか。また、或る仕方でチェスを含んだ上更に新しい駒を加えたゲームがあれば、それをチェスよりも完全だと言うべきだろうか。論理においてより一般性が乏しいと思われるケースに対する軽蔑も、それが不完全だという考えから出てくるのである。実際、カージナル数の算術をより一般的な何かに較べて何か限定されたものと言うのは人を誤らせる。カージナル数の算術には不完全性のしるしは何もついていない。有限カージナル数の算術にもついていない。(論理形態の間には、いろいろな種類のリンゴの味の間にあるような微妙な違いはないのである。)

我々が例えば、「望む」「考える」「理解する」「意味する」という言葉を研究する場合には、望む、考える等々のさまざまな［具体的］ケースを描写すればそれで満足するだろう。誰かが、「これは『望む』と人が呼ぶことの全部でないことはたしかだ」というなら、「もちろん全部じゃない、だが君が望むならもっと複雑なケースを［いくらでも」作ってゆくことができる」と答えるべきである。何といおうととにかく、望みのすべてのケースを特性づける、一つのきまった特徴群は存在しないのである。（少なくともこの語が通常の使われ方をしている限りは。）だがそれにもかかわらず、君が、望む、の定義を与えたいなら、すなわちきっぱりした境界をひきたいなら、君の好きなようにひいてかまわない。だが、その境界が実際の用法に一致することは決してないだろう。実際の用法にはきっぱりした境界がないのだから。

一般名辞の意味を明確にするためにはそのすべての適用を通じて共通する要素を見つけねばならぬという考えが哲学にかせをはめてきたのである。その考えは何の成果もあげなかっただけでなく、その考えのために哲学者は［一般名辞の］具体的適用例を、［問題に］関わりがないとして見捨ててしまった。ただその適用事例だけが、一般名辞の用法を理解する上で哲学者を助けえたものであるのに。

ソクラテスが「知識とは何か」という問をたてるとき、知識の各例を枚挙することが予備的な答であると考えることすらしない。* 私が、算術とはいかなるものかを知りたい場合、有限カージナル数の算術を探究し終えたなら非常に満足するべきであろう。なぜなら、

(a)　そこから私はどんな複雑な場合へもたどれるだろう。

(b)　有限カージナル数の算術は不完全ではない。算術の残りの部分によって後に補われるようなギャップがあるわけではない。

＊テアイテトス 146D—7C〔編集者〕

Aが四時から四時三十分までの間、Bが自室にくるのを待っている《エクスペクト》、このとき何がおきているだろうか。「四時から四時三十分まで何かを待つ」という句が使われるときのこの句の意味の一つでは、この句が指しているものはその時間中持続している特定の一つの心の過程とか一つの状態とかではないことは確かである。指しているのは、非常に多くのさまざまに異なる心の働きや状態である。例えば私がBがお茶に来るのを待っている際に起きていることは次のことである場合もある。四時に私は自分の手帳を見て今日の日付けの所に「B」の名を見る。私は二人分のお茶を用意する、そして、一寸、「Bは煙草をすったかしら」と考えて煙草を出しておく、四時三十分に近づくにつれてそわそわしだす、Bが私の室に入ってくるときの彼の様子を想像する。このすべてが「四時から四時三十分までBを待っている」と呼ばれるのである。この過程の模様変えは無数にあり、それらすべてがこの同じ句で描写される。［では］誰かをお茶に待っている種々様々な過程に共通にあるものは何だと尋ねられれば、答、それらすべてに共通な一つの特性というものはない。ただ互いにダブリあっている多くの共通な特性があるが。期待のこれらの事例は一つの家族を作っており、はっきりとした境界のない家族的類似性を持っているのである。

「期待」の語で或る特定の感情《センセーション》を意味するならば、それは［上と］全く違ったこの語の使い方である。むしろこの「希望」「期待」、等の語の使い方こそすぐさま念頭に浮んでくる使い方である。この使い方と上に述べた使い方の間には明白な関連がある。多くの場合、先に述べた意味で誰かを待っているときの上で描かれた［心の］動きの一部または全部に或る特異な感じ《フィーリング》、緊張が伴っていることは確かである。この緊張の経験を意味するのに「期待」の語を使うのは自然である。

さて問題がおこる。この感情を「期待の感情」または「Bの来るのを待つ感情」と呼んでいいだろうか、と。だがこの初めの方をとって、君は期待の［感情の］状態にあると言うのは誰にもわかるように、かくかくの事が起るのを期待している状況を完全に［識別的に］描写してはいない。［だが］後の場合の方は、「かくかくの事が起るのを期待している」という言い方［一般］の用法の説明として屢々性急に持ち出されるものである。更にこの説明を採りさえすれば、この期待の感情は［それ以上は］定義不可能と言うことでそれ以上の追求はかわせるから自分は安全な地盤にいるとさえ君は考えかねない。

もちろん、或る特定の感情を「Bが来ることの期待」と呼ぶことに異議はない。更に、そのような表現を使うことには、実際生活上妥当な根拠があるのかもしれない。ただ銘記すべきは――「Bが来るとの期待」という句の意味をその仕方で説明したとしても、それによって、その句のBを別の名前で置き換えてできる句のどれも説明されたことにはならない。こうも言えよう、「Bが来るとの期待」という［名詞］句は、「xが来るとの期待」という［名詞句］関数の値ではない、と。このことを理解するには、この場合を［命題］関数「私はxを食べる」と較べればよい。我々は別に個別的に「椅子を食べること」の意味をおそわらないでも私は「椅子を食べる」という命題を了解している。［だが「期待」の場合はそうではない。］

また、上の場合の、「B」が表現「私はBを待っている」の中で果す役割を、名前「ブライト」が、表現「ブライトの病気」(Bright's disease)、の中で果す役割と対照できる。この名前が或る特定の病気を指すときのこの語の文法と、ブライトがかかっている病気を意味する場合の「ブライトの病気」という表現の文法とを較べてみよ。私はその差異をこう言って表現したい、前者の場合の語「ブライト」は複合名「ブライト氏病」*の指標《インデックス》であるのに対し、後者の場合には関数「xの病気」の独立変数《アーギュメント》の値と呼べよう、と。指標は何かに言及しているとも言えよう、そしてこの言及の当否を定める仕方は千差万別である。だから、或る感情を「Bが来るとの期待」と呼ぶのは、その感情に一つの複合名を与えることであり、その中の「B」は多分、通例その感情に引続いて来訪する人間に言及しているのである。

*『論考』5.02を見よ。〔編集者〕

だがあるいはまた、「Bが来るとの期待」という句は、或る感情の「全体の」名前ではなくその感情の一特性「の名前」として使われるのだといわれるかもしれない。例えば、或る緊張感が、「常に」Bの来訪で解けるならばこの緊張感が、Bが来るとの期待ということで意味されているものであると言って説明されるかもしれない。「しかし」もしこの句がこの意味で使われるのであれば、期待が実現されるまでは何を待っているのかがわからない、という批判が当る（ラッセルを参照）。それを別にしても、これが「期待する」という言葉の唯一の使い方であると信じる、いやこれが一番普通の使い方であると信じることさえできる人はあるまい。誰かに「君は誰を待っているのだ」と尋ね、「誰それという」答をえてから更にもし「他の人を待っているんじゃないってことは確かか」と聞いたら、大抵の場合、この質問は馬鹿げたものと思われるだろう。

ラッセルが「望む《ウィシング》」という言葉に与えた意味は、こう言って特徴付けることができよう、すなわち、この言葉はラッセルには飢えの一種を意味している、と。——特定の飢えの感覚が特定の物を食べることで消失する、というのは一つの「経験的事実的な」仮説である。「ところが」ラッセルの「望む」の語の使い方では、「私はリンゴを望んだがナシ「を食べて」満足した」*との言は「真偽の問題以前に」無意味となる。しかし、我々は時にそう言うし、そのときはラッセルのとは違う仕方で「望む」の語を使っているのである。この意味のもとでは、望みが実現しなくても望みの緊張が解けた、また、望みの緊張が解けないでも望みが実現した、と「有意味に」言える。換言すれば、この意味のもとでは、私の望みが満たされなくても私が満足する、ということがありうる。

＊ラッセル、『心の分析』III章。〔編集者〕

今問題にしている「「望む」の意味の」差異は単に、自分の望むことを知っている場合もあり知らない場合もあるという「差異に」帰着するのではないか、と言いたくなるかもしれない。たしかに、「何を求めているのか自分でも知らないが欲求を感じている」とか「恐怖を感じるが何を恐れているのか自分でも知らない」とかまた「私は怖い、だが何か特定のものが怖いのではない」と言うような場合がある。

これらの場合については、対象に向けられていない感情を抱いている、と言うことができよう。「だが」「対象に向けられていない」という句によって、或る文法的区別が導入される。そういう感情を「恐れる」「欲求する」等々の動詞を使ってそれぞれ表現する場合には、これらの動詞は自動詞となろう。「私は恐れる」は「私は泣く」に比すべきものとなろう。我々は或るもののために泣くかもしれない。しかし、それがために我々が泣く当のものは、この泣く過程の構成要素ではない。すなわち、我々が泣くときに起ることのすべてを描写するにあたって、それがために泣くものに言及することなく描写することができるのである。

だがここで、私が提案して、「私は恐怖を感じる」やそれに似た表現はただ他動詞的にのみ使うことにしたとする。すると、前には「私は恐怖の感情を抱く」（自動詞的に）と言ったところを今度は、「『私は何かが恐い、が何がこわいのかを知らない』と言い換えることになる」。この用語法に異議はありませんか。

「いや、『知る』という言葉を奇妙な具合に使っていることの他は異議はない」と言われよう。だが次の場合を考えてほしい――私は、特定対象に向けられていない一般的な恐れを感じる。その後或る経験をして「今では恐れていたものが何かを知っている。私はしかじかのことが起るのが恐いのだ」と言う。さて私の初めの恐怖を自動詞の動詞で表現するのが正しいだろうか。それとも、私の恐怖には対象があったのだが、あったことを私は知らなかった、と言うべきだろうか。いずれの表現形式を使っても差支えはない。それを理解するため、次の例を検討してほしい――歯の或る虫喰い状態、普通歯いたと呼ばれるものを伴わない状態を「無意識的歯痛」と呼び、またそのような［虫歯の］場合、歯痛があるがそれを知らないという表現を使うのがむしろ実際的だと考えられることもありうる。精神分析家が無意識的想念や無意識的意志発動等を云々するのは、まさにこの意味でである。この意味のもとで、私は歯が痛いがその痛みを知らない、と言って悪いだろうか。そう言って少しも悪いことはない。ただ新しい用語法であるだけで、いつでも普通の言葉に翻訳し返すことができるのだから。

だがしかし、その言い方は明らかに「知る」という語を新しい仕方で使っている。そしてこの［「知る」という］表現がどう使われているかを調べるには、「この場合この知るに至るという過程とはどんな風なものか」、「我々は何を『知るに至る』とか『見出す』と呼んでいるのか」、こう自問するのが役立つ。

新しい［用語法の］規約に従って「私は無意識的歯痛がする」と言うのは誤りではない。その表記法に、痛い虫歯と痛くない虫歯を区別することの上に何を要求できるだろうか。とはいっても、この新しい表現は、我々の規約を一貫して貫き通すことを難しくさせるような挿し画や比喩を喚び起して我々に道を誤らせるのである。絶えず警戒していない限り、これらの挿し画を無視することは極端に難かしい。我々が哲学しているとき、すなわち、我々が物事について言うことを熟考するときには別して難かしい。例えば、「無意識的歯痛」という表現に引きずられて、我々の悟性を全く途方にくれさせるとてつもない発見がなされたと思わせられたり、さもなくば、その表現に鼻をつままれて（哲学の困惑）多分、「如何にして無意識的歯痛は可能なりや」と聞くことになる。その結果、君は無意識的歯痛の可能性を否定したくなるだろう。ところが科学者は君に、それが存在することは証明済みの事実だと言うのだ。それも通念になっている偏見を打ち破るような顔をして言うのだ。彼は言うだろう、「全く単純なことなんだ。君の知らないことはうんとある。だから、君の知らない歯痛だってありうる。これは新発見なんだ」と。君は説得されないだろうが、それに答えるすべを知らない。こういう状況は科学者と哲学者の間でいつも起るものである。

かような場合、「『無意識的』『知る』等々の言葉がこのケースではどう使われているか、そして他のケースでどう使われているかを見てみよう」と言うことで事をはっきりさせることができる。これらの使われ方の間の類似性はどこまで保たれているか？　また、我々が馴れ親しんでいる表記法の呪縛を解くために、新しい表記法を作ってみるのもいい。

「知る」という語の文法（使い方）を調べる一つの方法は、我々が検討している場合には何を「知るに至る」と呼ぶべきなのかを自問することだ、と述べた。だが、この問は当の問題「『知る』という語の意味は何か」にとって、かりに関わりがあるとしてもひどく曖昧な関わりしかない、と思わせるものがある。「この場合の『知るに至る』とはどんなことか」と問うのは脇道にそれているように思えるのだ。だがこの問こそ「知る」という語の文法についての真性の問なのだ。このことは、「我々は何を

『知るに至る』と言っているのか」という形にすれば、もっとはっきりする。これは「椅子に坐る」と呼ぶこと［の一例］だ、ということは「椅子」という語の文法の一部をなし、これは「意味の説明」と我々が呼ぶもの［の一例］だ、ということは「意味」という語の文法の一部なのである。同様に、他人が歯が痛むことの判定基準を説明することは、「歯痛」という語の文法の説明、つまりこの意味で「歯痛」という語の意味についての説明を与えることなのだ。

「誰それは歯が痛い」という句の使い方の学習では、歯が痛むと言われる人間の振舞がどういうものであるかを教えられた。この振舞の一例として頬をおさえることをとろう。そして、或る状況では、この第一の判定基準によって歯が痛い人は必ず頬が赤くなっていると想定しよう。そこで私が誰かに「私にはＡは歯が痛いことがわかる、頬が赤くなっているから」と言ったとする。その人は私に聞くかもしれない、「赤い頬を君が見るとき、君にどうしてＡが歯が痛いことがわかるのか」、と。それに対して私は、「頬をおさえるというような」現象が頬が赤くなることと常に相伴なってきたことを挙げるだろう。

彼は続けて「彼が頬をおさえるときには歯が痛いことがどうしてわかるのか」と尋

ねよう。それに対する答が、「だって私が歯が痛いときに自分の頰っぺたをおさえるんだから彼が自分の頰をおさえるときには彼が歯が痛いんだ」、であったとしよう。しかし更に続けて「ただ、君の歯痛が君の頰をおさえることに対応するということの故に、彼が自分の頰をおさえることにも歯痛が対応しているとする理由は何だ」、と尋ねられたらどうする。この問にどう答えていいか君は困るだろう。そして、ここで底打ちである、つまり、〔言葉の〕規約にまで降りてきていることに気がつくだろう。（最後の質問に君が、「人が頰をおさえているのを見てどうしたんだと尋ねたときはいつでも『私は歯が痛いんだ』と言ったからだ」と答えるとしても、——その経験は単に、〔君の歯痛ではなく〕君の頰をおさえることと或る言葉を言うことを対応させるだけだ、ということを忘れないでほしい。）

或る初等的な混同を避けるために、対照的な二つの言葉を導入しよう。「かくかくであることはどうしてわかるか」、この問に、「〔識別〕基準《クライテリア》」をもって答える場合と、「徴候《シンプトムズ》」をもって答える場合がある。或る種のバクテリアによる炎症が医学的にはアンギーナ〔咽喉炎〕と呼ばれているとして、具体的症例にあたって「この男がアンギーナにかかっていると言う理由は何か」と尋ねる。このとき、「かくかくのバクテリアを彼の血液に見つけたからだ」、という答は基準、すなわち、アンギーナの定義的基準とも呼べるものを与えている。一方、もし答が「彼の喉が炎症をおこしている」であったとすれば、それはアンギーナの徴候を与えている。私が「徴候」と呼ぶものは、定義的基準とされている現象に、その仕方は様々にせよ、常に相伴うことが経験的に知られた現象のことである。したがって、「このバクテリアが彼に見つかったなら、その男はアンギーナにかかっている」、ということはトートロジーであるか、または「アンギーナ」の定義をくだけた仕方で述べたものである。それに対して、「その人の喉に炎症がおこっておれば、アンギーナにかかっている」と言うのは或る「経験的」仮説を立てているのである。

実際にはしかし、どの現象が定義的基準でありどの現象が徴候なのか尋ねられると、大抵の場合、その場その場で勝手に決めて答える他はないだろう。一つの現象を定義的基準に選んで或る語を定義するのが実際的かもしれないが、「そうしてもその後で」さっさと、その定義では徴候であったものでその語を定義するようになってしまう。医師連中は病名を、何が基準で何が徴候なのかをきめないで使っている。が、これは何も、明晰さの嘆かわしい欠如というものではない。普通、我々は厳格な規則に従って言葉を使っているのではなく、また厳格な規則によって教えられたのでもない、ということを忘れてはならない。しかし、こういう「哲学的」議論をしているときの我々は、しょっ中言語を正確な規則に従う記号系《カルキュラス》の如きものだとみなしてしまう。

これは言語の全く一面的な見方である。実際に使う場合、言語をそのような記号系として使うことはまずない。事実、我々が言語を使っているときには用法の規則、つまり定義やその他の規則は念頭にないし、またそのような規則を言えといわれても、大抵の場合言うことができないのである。我々は自分が使っている概念を明確に定義することができない。本当の定義を知らないからではなく、それらの概念には本当の「定義」がないからである。それがなくてはならないと考えるのは、子供達がボールで遊んでいるとき必らず厳格なルールに従ったゲームをやっているのだと思うに等しい。我々が、言語を厳密な記号系で使われる表記法の如くに語るとき、我々が頭の中に浮べているものは、科学や数学の中には見出せる。「しかし」我々の日常の言語使用がその厳密さに近づくのは稀な場合でしかない。ではなぜ、哲学をしている場合の我々は、自分の言葉使用を厳密な規則に従う用法の如くに見なすのだろうか。答はこうである。我々が取り除こうと努める当の「哲学的」困惑自体がいつもまさに言語に対するこの態度から涌き出てくるからなのだ。

一例として、聖アウグスティヌスやその他の人々が問うた「時間とは何か」という問を考えてみよう。一見したところ、この問は定義を尋ねている。だがすぐさま疑問がでてくる。「定義をえても何になるのか。定義はただ他の未定義の言葉に導くだけではないか。」またなぜ人は、ただ時間に定義がないことに困惑して、「椅子」の定義がないことには困惑しないのか。定義のないところすべて困惑してしかるべきではないか。なるほど定義は事実屢々語の文法を明らかにする。そして事実、我々を困惑させているのは「時間」という語の文法なのである。ただその困惑を表現するのに、「……とは何か」といういささか誤解を招く問を立てているのだ。この問は、すっきりしない気持、心のもやもやを表現しているのであって、子供がしょっ中きく「なぜ」の問に類するものである。この子供の問もまた心のもやもやの表現であって、必ずしも原因なり理由なりを尋ねているのではない。(ヘルツの『力学原理』)「時間」の語の文法にからむ困惑は、その文法の外見上の矛盾とでも呼べるものから生じる。

聖アウグスティヌスが次のように述べたとき、彼を困惑させていたものはこのような矛盾であった。時間を測ることがどうしてできるのか。過去は過ぎ去って今はないのだから測ることはできぬ。未来もまだ到来していぬが故に測れない。そして現在は拡がりがないのだから測れない。

ここで起っているように見える矛盾は、一つの語、ここでは「測る」という語の二つの用法の間の衝突と呼ぶこともできよう。アウグスティヌスは、こう言ってもよければ、〔空間的〕長さを測る過程を考えている。例えば、一つの帯が我々の側を流れており、我々は眼前にあるその極めて僅かな一片（現在）しか見ることができない、その帯の上の二つのしるしの間の距離を測る、といったことを考えている。彼のこの困惑の解決は、流れる帯の上の距離の場合の「測定」が意味すること（「測定」の語の文法）を、時間の場合におけるその語の文法に較べてみることである。問題は簡単に思われるかもしれないが、我々の言葉において似た構造を持つ二つの〔表現の〕間の類似性が我々に及ぼす幻惑のために、極めて困難なものとなる。（ここで、子供にとっては時に、一つの語が二つの意味を持ちうるなどは殆んど信じ難いことを思い起すといい。）

時間概念についてのこの〔アウグスティヌスの〕問題が、厳格な規則の形で与えられる答を求めていることは明らかである。その困惑は〔時間についてではなく、むしろ」規則というものについての困惑なのである。――別の例をとろう。ソクラテスの「知識とは何か」、の問。この例では、事情はもっと明瞭である。すなわち、議論は生徒が厳密な定義というものの一例をだすことから始まり、その例にならって、「知識」の語の「厳密な」定義が求められる。問が進むにつれ、「知識」の語の日常的な用法には何かいけないところがあるように思われてくる。我々はその語の意味するものを知っていない。だから恐らくその語を使う権利がない、こう見えてくる。だがこう答えるべきだろう、『知識』という語の一つのきまった厳密な用法などはない。だが、そのような用法を幾つか定め、その語が実際に使われる「様々な」仕方にそれぞれ多少なりとも一致させることはできる」。

哲学的に困惑している上の人は、或る語が使われる仕方の中に一つの法則を見つけ、その法則をすべてに一貫して当てはめようとして、矛盾する結果に終る事例にぶつかるのだ。そのような困惑は多く次のような論議の道筋をたどる。まず始めに「時間とは何か」と問われる。この問が、求めているのは一つの定義であるように思わせる。そして一つの定義こそ困難を解消するものであると、誤って考える（或る不消化の状態では、一種の飢えを感じるが、それは何かを食べることでは満たされない。「それだのに食べたいのだ」)。そこでその問は間違った定義で答えられる、例えば、「時間とは天体の運動である」、と。次の段階は、この定義が不満足なものなのがわかることである。だが実は、ただ我々は「時間」という語を「天体の運動」と同義的には使っていない、というだけのことなのだ。それだのにこの手始めの定義は間違っていると言うことで、今度はそれを別の定義、正しい定義で置き換えねばならぬとの考えに誘われるのだ。

これを、数の定義の場合に較べてみよう。この場合、数とは数字と同じものだという説明があの第一段階の定義渇望を満足させる。だが「続いて」「だが一は数字ではないとしたら一体何なのだ」と尋ねずにいるのは至難のわざなのである。

哲学、我々がこの語を使う場合の意味での哲学とは、表現の形が我々に及ぼす幻惑に対する闘いである。

言葉は、我々がそれに与えた意味を持つ、ということを思い起してほしい。私自身が或る語の定義を与え、それに従ってその語を使ってきている場合もあるし、また、その語の「意味の」説明を私に与えたのは、その用法を私に教えてくれた人である場合もある。あるいはまた、尋ねられたら我々が「その意味として」答えるつもりの説明が言葉の説明ということの意味だとされるかもしらない。但し、我々が何か説明をするつもりであるとして、である。だが、大抵の場合我々はそうではない。したがってこの意味では、多くの語には厳密な意味がない。だがこれは別に欠陥ではない。それを欠陥だと考えるのは、卓上ランプの光にははっきりした輪廓がないから真性の光では全くない、というのに似ていよう。

哲学者連はしょっ中、言葉の意味を探究したり分析したりすることを云々している。しかし、言葉は何かいわば我々に依存しない力からその意味を附与されていて、言葉が真に意味するものを明らかにするための一種の科学的研究がありうる、というものではない。そのことを忘れないでほしい。一つの語の意味は、誰かが与えたものである。

明確に定義された意味を幾つか持っている語がある。これら［複数の］意味を表に書きあげるのは何でもない。だがまた、一千の異なる仕方で使われ、それが互いに連続的に融け合っているとでも言えるような語もある。それらの用法の厳密な規則を表にできなくて不思議はない。

哲学で我々は日常言語に対立する理想的言語を考察する、と言うのはいけない。そう言うと、我々が日常言語を改良できるとでも思っているようにみえるからである。日常言語はちゃんとしている。我々が「理想的言語」を作り上げるのは、それで日常言語を置き換えようがためではない。ただ、誰かが普通の語の「ありもしない」厳密な用法を摑んだと思いこんだがためその頭に生れたごたごたを取り除くためである。我々の方法が単に語の現実の用法を枚挙するだけにとどまらず、意図的に新語を考案するのも同じ理由からである。その新語のあるものは、それが馬鹿げてみえるが故に作るのだ。

この方法で我々は「表現形式の」或る類似性の人を誤らせる作用を中和しようとする。こういうとき、類似性が人を誤らせるということは何もはっきり定義されたものでないことを承知していることが大切だ。類似性が人を誤らせた、こう言ってよい場合をはっきり囲みこむような明確な境界を引くことはできないのである。類似した形に作られている表現の使用は、屢々互いに遠く離れたケースの間の類似性を際立たせる。そうすることで、こういう表現は非常に役立つのである。「だから」多くの場合、一つの類似性が我々を誤らせ始める正確な場所を示すことはできない。表現法の一つ一つが或る特定の観点を強調する。例えばもし、この「本での」探究を「哲学」と呼ぶとすると、このタイトルは一面では適切に思われるが、他方人を誤らせたことも確かであろう。（ここで扱っている主題は、「哲学」と呼び馴らされてきた主題の相続人の一つ［にすぎぬ］、と言えばいいかもしれぬ。）或る人が表現の形式に誤らされている、と特に言いたい場合とは、次のような場合である。「彼がもしかくかくの語しかじかの語の文法のこの相違に気付いていたら、または、これこれの別な表現の仕方が可能なことに気付いておれば、今言っているようには言わないだろう」、等々。例えば、哲学的問題を扱っている或る数学者達についてこう言うこともできる。彼等は明らかに「証明」という語の異なる用法の間の違いに気付いてはいない、とか、彼等が数の種類や証明の種類のことをまるで「リンゴの種類」の場合と同じ意味の「種類」のように言う時、「種類」という言葉の用法の違いが彼等には明瞭でないのだ、と。また、一方で正五角形の作図法の発見、他方、南極の発見を言うときの、「発見」という語の異なる意味に気付いていない、と。

前に、「欲求する」「恐れる」「期待する」等のような言葉の自動詞的用法と他動詞的用法を区別したおり、或る人は「その二つの場合の違いは単に、一方では欲求するものを我々が知っているのに他方の場合は知らない、というだけだ」と言うことで難点を取りつくろおうとするかもしれぬ、と述べた。その二つの場合での「知る」の語の使い方を注意深く考察すると、彼が説明し去ろうとした相違が［そこに］再び現われているのに彼は明らかに気付いていないと私は思う。「違いは単に……」という表現は、問題を分析して単純な解明を得たかのように見せる。ひどく違った名を持つ二種類の物質がその成分では殆んど違いがないことを指摘するのに類するかのように。

その問題では、「我々は欲求を感じる」（「欲求する」を自動詞的に使って）、「我々は欲求を感じる、だが何を欲求しているのかを知らない」、この二表現のどちらでも使えると述べた。互いに矛盾するように見える二つの表現形式のどちらを使っても誤りではないというのは奇妙に思えよう。しかし、こうした場合は非常に多いのだ。

そのことをはっきりさせるため、次の例をとってみよう。方程式 $x^2=-1$ は解 $\pm\sqrt{-1}$ を持つ。だが、この式は解を持たないといわれた時代があった。この［解を持たぬという］陳述は、解を述べる陳述と矛盾するしないは別として、後者の［解が二つという］多重性《マルテイプリシテイ》をもっていないことは確かだ。しかし、それに多重性を与えるのはやさしい。［一般に］方程式 $x^2+ax+b=0$ は［実係数として $a^2<4b$ のとき］［実］解を持たないが、［その複素解、$-a/2\pm\sqrt{a^2-4b}/2$ を $\beta\pm\alpha$ と書けば］、その最

近解βに〔±〕αだけ近づいている、*と言えばよい。それと類比的に、「直線は円と常に変わる、或る場合は実の点、或る場合は複素点で」と言うことも、「直線は円と交わるか、交わらないで交叉からα離れしている」と言うこともできる。この二つの陳述は正確に同じ意味である。そのどちらがより満足のゆくものであるかは、どういう観点を人が取りたいかによって変る。交叉するかしないかの違いをできるだけ目立たせないようにしたい場合もあろう。また逆に、それを強調したい場合もあろう。そのいずれの意向も、例えばその人の特定の実際的目的によって正当化されよう。しかし、特定の目的などは全くかかわりがない場合もある。どちらの〔表現〕形式を彼がより好むか、〔それ以前に〕彼にともかく好みがあるかどうかは、彼の全般的な根深い思考傾向によることが多いのである。

*原文の意味は解し難いが、続く直線と円の交叉の例をx軸と放物線の交叉に移して解釈した。〔訳者〕

（或る人がも一人の人を軽蔑しているがそれを自覚していない場合があると言うべきか、あるいはそれを、次のように言って描写すべきだろうか。彼はその人を軽蔑しているのではないが、意図せずしてある態度で彼に接する——或る声の調子で彼に話すといった、普通軽蔑に伴っている態度で接している、と。どちらの表現形式も間違ってはいない。だが、それぞれが［その表現をとる人の］心のそれぞれ違った性向を告げることもある。）

前に戻って、「望む」「期待する」「欲求する」等の表現の文法を［更に］検討しよう。そして、最も重要な場合、すなわち、「私はしかじかのことが起るように望んでいる」という表現が意識過程の直接の描写である場合を考察しよう。換言すれば、「君が望んでいるのが本当にこれだというのはたしかか」という問に、「もちろん、自分の望んでいることを知らないわけがない」と返答したい場合である。この答を、「君はABCを知っているか」という問に我々大部分が答えるだろう答に較べてみよう。この場合の［ABCなぞ］もちろん知っているという断固とした肯定は、先の肯定と同じような意味のものだろうか。いわば問を振払うという点では両者とも同様である。しかし先の肯定の方は、「そんな簡単なことはもちろん知っているよ」と言いたいのではなく、「君が尋ねた質問は意味をなさない」と言いたいのである。とすると、質問を振払うにしてはまずい方法をとっていると言えよう。「もちろん知っているよ」に代えて、「それには疑問の余地がない」と言うべきところなのである。「この場合、疑いを云々することは意味がない」という意味でである。こうして結局、「もちろん、自分が望んでいることを知っている」という返答は一つの文法的陳述だと解釈できるのである。

これと類似の場合として、「この部屋には長さがあるか」と聞かれて、誰かが「もちろんあるとも」と答える。彼は「無意味なことを聞かないでくれ」と答えることもできるのだがまた、「部屋には長さがある」は一つの文法的命題として使われることもできるのである。その場合には、「部屋は――フィートの長さである」という形の文は有意味である、ということを言っているのである。

今考察している、「望む」「考える」、等の表現の意味には、非常に多くの哲学的困難が結び付いている。だがそれらすべてを、「事実でない事態を考えることができるのはどうしてか」、という問に集約できる。

この問は哲学的問の見事な例である。それは「……できるのはどうしてか」と問うが、この問に困惑させられる一方、事実でない事態を考えるのは何にもましてやさしいことを認めざるをえないのである。私の言いたいのは、このことが教えることは再び、我々の困難が生じるのは何かを考えるとはどういうことなのかを思い浮べる能力が我々に欠けているがためではない、ということである。時間測定についての哲学的困難が、時間は実際どうやって測られるのかを思い浮べる能力が我々に欠けているがために起ったのではないのと同様である。私がこう言うのは、時に、我々の困難は我々が何かを考えたというのは何がどうしたことなのかそれを正確に思い出せない困難、内観の困難、そういった種類の困難だというように見えるからである。だが事実は、誤りやすい表現形式を通して事実を眺めることからこの困難が生じるのである。「事実でない事態を考えられるのはどうしてか。キングスカレッジが火事でないのに火事だと考える場合、それが火事だという事実は存在しない。だのにそれを考えられるのはどうしてなのだ。居もしない泥棒をどうして吊せるのか。」この問に次の形で答えることもできよう、「泥棒が居ないときにそいつを吊すことはできない。だが彼が居ないとき彼を探すことはできる」。

　この場合人を誤らせているのは、「思考対象」と「事実」という名詞であり、また、「ある［または居る］」という語の互いに異なる意味である。

　事実を「物の複合」とするものもこの混同から生じる（『*論理哲学論考』参照）。「そう考えると」「存在しないものをどうして想像できるのか」と尋ねられた場合、答は恐らく「想像するとしたら、存在する要素からなる非-存在の複合を想像するのだ」となるだろう。［例えば］ケンタウルスは存在しないが、人間の頭と胴と腕、それに馬の脚は存在する。「だが、存在しているどんな物とも全く共通点のない物でも想像できるんじゃないか」――すると［この考えの下での］答は、「いやできない。要素となる個物は存在しなくてはいけない。もし赤や丸みや甘さが存在していないとすれば、それらを想像することはできない」、というものであろう。

＊『論考』にはこの混同がある。〔訳者〕

しかし、「赤さが存在する」とはどういう意味なのか。私の腕時計は、ばらばらにされたのでなければ、破壊されてしまったのでなければ、存在する。だが、「赤さを破壊する」に当たるものはないだろう。もちろん、赤い物を全部破壊する意味だとすることはできる。だがそうしたところで、赤い物を想像することができなくなるだろうか。これに答えて、「しかしたしかに、赤い物が存在していなければならなかったし、赤い物を想像できるためには君はそれらを見たことがなくちゃならない」、と言ったとする。――しかし、そうでなくちゃならないってことがどうしてわかるのか。「君の眼玉を押すと赤いイメージが見える」と想像しよう。すると、君の赤に接する最初の経験はこの仕方だった、ということもありうるではないか。そして、その経験が［実は］単に赤色を想像する経験であったという場合があってもおかしくないではないか。（このことに疑問を感じるかもしれない。*後の機会にそれを論じる必要があろう。）

＊論じられなかった。〔編集者〕

だが、「思考内容を真とするのは［それに対応する］事実が実在することであるが、その事実は必ずしもいつも実在しているわけではないのだから、思考内容はその事実［それ自体］ではない」、と言いたくなろう。だがそうかどうかはまさに、この「事実」という語をどう使うつもりかにかかっている。「私はあのカレッジが火事であるという事実を信じている」、こう言ってどうしていけないのか。それはただ、「私はあのカレッジが火事であると信じている」ということをぶきっちょに表現しただけなのだ。「私の信念の対象は事実［それ自体］ではない」と言うこと自身は或る混同の結果である。そう言うことは何か「我々が食べるのは砂糖きびではなく砂糖である」とか「画廊にかけられているのはスミスさんではなく彼の絵である」と言うようなことだと思いこんでいるのだ。

ここから踏み出したくなる一歩は、思考の対象は事実ではないのだから事実の影がその対象なのだ、と考えることである。そして、この影にはいろんな呼び名がある。例えば、「命題」だとか「文の意義《センス》」だとか。

だがそうしても上の困難はなくならない。なぜなら今度は、「どうして或るものが、存在しない事実の影になりうるのか」という問題が生じるからである。

このやっかいな問題を別な形で表現できる。「その影が何の影であるかはどうやって知ることができるのか」、と。——影は或る種の肖像といえよう。したがって、この問題を再び言い換えて、「或る肖像をN氏の肖像とするものは何か」、と尋ねることができる。すぐ浮んでくると思われる答は、「肖像とN氏が似ていること」であろう。まさにこの答が、事実の影を云々した時我々の頭にあったものをあからさまにする。しかし、我々の肖像観念を成り立たせるのが類似性ではないことは全く明白である。なぜなら、この肖像観念の本質には、肖像が「実物に」似ている「のでなく」似ていないということも意味をなさねばならないということがあるからである。換言すれば、影は「実」物をありのままとは違ったふうに写すこともできねばならぬことがこの肖像観念には本質的なのである。

「では、」「何によって或る肖像が誰それの肖像となるのか」、この問に対する、当然の正しい答は、それは意図である、と言うことである。だが「これを誰それの肖像にしようと意図する」が何を意味しているかを知ろうというなら、それを意図するとき現に何が起っているかを見てみればいい。前に、四時から四時半まで誰かを待っているときに起ることについて述べた場合を思い出してほしい。［その場合からわかるように］（例えば、画家の側で）或る絵を誰それの肖像画にしようと意図することは、きまった一つの心の状態でもなく、きまった一つの心的過程でもない。いろいろな心の働きや状態の、実に多くの組合せがあり、その組合せのどれをも「……と意図する」と呼ぶべきなのである。或る場合には、Nの肖像を画くことを求められ、Nの前に坐り、「Nの顔を写す」と呼ばれる種類の一連の動作をする［ことである］。これに異議をはさんで、写生の本質は［動作ではなく］写生する意図だと言われるかもしれない。それには、［何かを写す］と呼ばれるものには実に多くの様々な過程がある、と答えたい。例をとろう。私が紙に楕円をかいて、君にそれを写すように求める。その写しの過程を特性づけるのは何だろうか。明らかにそれは、［単に］君が同じような楕円を一つかくということではない。君は写そうと［意図］してうまくゆかず［楕円をかかなかった」かもしれない。［また逆に］全然別の意図で楕円を一つかいたのが偶然、複写を求められた楕円と似ていた、ということもあるからである。では、楕円を写そうとするとき君は何をするか。そう、その楕円を見つめる、紙の上に何かかく、恐らくそのかいたものを測る、手本と違っていたら恐らく呪いの言葉をはく。あるいは多分、「この楕円を写すよ」といって、さっさと似た楕円を一つかいてしまう。［このように］動作と言葉の無限の変り模様があり、それらは互いに家族的類似性を持っている。そのそれぞれをみな我々は「写そうとする」と呼ぶのである。

［上に述べたことを概括的に］「絵が或る物の肖像だということは、その絵がその物を基にして特有の仕方で導出された、ということである」、と言ったとしよう。ここで、或る物を基にして作られる過程（簡単に言えば、投影の過程）と呼ぶべきものを［あれこれ］描写することはたやすい。しかし、そういう過程のどれをとっても、それが我々の言う「意図的な写生」であると認めるには、或る奇妙な難点がある。というのは、どんな投影の過程（動作）を挙げても、その投影過程に別の解釈を与える仕方が常にあるのである。それがために――人はこう言いたくなる――そのような過程は決して意図そのものではありえない、と。［同じ］投影過程［の動作をしていても、

それ」に別の解釈をすれば、正反対の意図で「その動作を」している場合も常にありうるからである。次の場合を想像してみよう。誰かに、或る方向を指差すなり、そちらを指す矢印をかくなりして、その方向に歩けと命じる。そこでここでは、矢印をかくのが、通常そのような命令をする場合の言語だとしよう。ところで、この命令に或る解釈を与えて、その命令をうけた人は矢印と反対の方に行くことを意味するようにはできないだろうか。元の矢印に「そのことを告げる」何かの記号をつけ加えてやれば、それができることは明らかだ。そしてこの記号「そのもの」を我々は「うっかり」「解釈」と呼ぶかもしれない。例えば、誰かを欺くため、命令はその通常の意味の反対に行なうことに「秘かに」とりきめる、こういう場合を想像するのは何でもない。「その場合」元の矢印に「新しい」解釈を加える記号として、例えば、も一つの別の矢印を使うこともできる。「そうすれば」元の記号があれこれ解釈されるときはいつでも、その解釈とは元の記号につけ加えられた新しい記号なのである「と、誤って結論される」。

「この誤った考えに誘われて」我々が誰かに矢を示して命令を与えるとき、そしてそれを（何も考えないで）「機械的に」するのでないかぎり、いつでも我々はその矢を矢の向きまたはその反対の向きに意味するのだ、と言うことになろう。更に、この意味するという過程を、それがどんなものであろうと、〔元の矢と同方向または反対方向の〕いま一つの矢で表現できる、と。この、「意味すること、と、物言うこと」の絵図とされる「矢の」絵で重要なことは、物言うことの過程と意味することの過程は別々の二つの層で起ると「間違って」思いこんでおらねばならぬことである。

「この絵図ではしかし」どの矢も反対の向きにも意味されうるのだから、どの矢も意味する過程ではありえない、と言う「判断」は正しい*だろうか、――では矢を上下に並べて意味することを言うことの絵図をかいてみよう。

*正しい。〔訳者〕

この絵図がとにかくその目的を果すためには、この三つの段のどれが、*意味することの段なのかが示されていなければいけない。それには例えば、その最下段が意味す

ることの段だときめればよい。これ以外の模式図や絵図の場合にも、この最下段に[相等する意味することの段が]きめられる。そして、この意味することの層には[もはや]解釈といったものはないのである。いや、例えば右の三段矢図のどの矢も[従って、最下段の矢も]更に解釈をうけることができる、と言ってもそれは単に、言うことと意味することの模式図としてそれより一段多いものを作ろうと思えばいつでも作れる、という意味にすぎない。[そしてその新しい模式図の最下段もまた解釈を受けない]。

＊「茶色本」『ウィトゲンシュタイン全集6』(大修館書店)一六三頁参照。〔訳者〕

換言すれば――上で人が言いたかったことは「どの記号も解釈を受けうる。しかし、意味する過程[それ自体]に解釈を施すことはできない。それ自身が最終的解釈なのである」、ということなのである。しかし、こう言う人は次のことを前提している、[また、この前提がなくてはこう言えない。]意味する過程は、物言う過程に伴う[別の]過程であり、更にそれは或る別の記号に翻訳できる、という前提である。[実は]ここまでの段階では、それは[単に翻訳できるのではなく]一つの記号に等しい、とまでされてきたのであるが。[しかし今度は、それは記号と違って解釈を受けないと言うの」だから、記号と、意味すること、を区別するものは何であるかが示されねばならない。それに対して、意味することとは、書くことその他で表に表わされた矢と違って、頭の中に考えられた矢である、と言うとすれば、——それは、どんな矢を新しくつけ加えてもその矢を、その頭の中の矢の解釈とは呼ばない、と言うことである。「つまり、意味することの翻訳となる矢はない、と。」

我々が何かを言いそしてその言うことを意味するとき一体何が本当に起っているのか、これを考えれば上の問題全体が一段と明瞭になるだろう。——自分自身に尋ねてみよう。誰かに「お目にかかれて嬉しい」と言い、またそのことを意味するとき、言葉の発声に伴って、或る意識過程、それ自身また声言葉に翻訳できる過程が進行しているだろうか、と。まず大抵はそうではあるまい。

しかし、それが起きる例を想像してみよう。かりに私に、英語で話すときはいつもそれに応じて心の中でドイツ語で内語する習慣があるとする。そのとき、理由はいろいろだろうが、君はこの無音の文を声に出された文の意味と呼ぶだろう。そして、声に出す過程に伴っているこの意味する過程は、自身また外的な記号に翻訳されうるものである。また、一つの文を声に出して言う前にいつもその意味（それが何であろうと）を傍白的に独りごとする場合。更に、我々が求めているものにぴったりとでなくても少くとも類似する例は、何かを言い、それと同時に心の眼の前に或る像が見える、その像が意味であり、言葉に出されたことに合致する場合もあり合致していない場合もある、というものだろう。こういった場合やそれに類似した事例はたしかにある。しかしそれらは我々が何か言い、そしてそれを意味したり他のことを意味したりする場合に必ず起きるというのでは決してない。もちろん現実のこととして、我々が意味と呼ぶものが、声音表現に伴い、先立ち、それに続く特定の意識過程であり、それ自身がまた或る種の声音表現かまたはそれに翻訳可能なものである場合もある。その典型的な例は、舞台での「傍白」である。

しかし意味を、本質的に上に述べた種類の過程だとする考えに誘うものは、次のような表現形式の間の類似性である。

「何かを言うこと」

「何かを意味すること」

これらが、二つの平行する過程を示唆する。［だが］人が「言葉を意味する過程」と呼ぶかもしれないこの、言葉に伴なう過程は［実は大抵の場合］我々が言葉を話すときの声の抑揚なのである。あるいはそれに類する過程、例えば表情の動きなのである。これらは声に出された言葉に伴うが、ドイツ語の文が英語の文に伴なったり、文を書くことが文を話すことに伴なったりするときの伴ない方で伴なうのではない。歌の節が歌詞に伴なう仕方で伴なうのである。この節が、我々が文を声にするときの「感じ」にあたる。そして私はこの感じが、文が発声される際それに伴なう［音声や身振りの］表情、またはそれに類するものであることに注意したいのである。

元の問題、「思考の対象は何か」に戻ろう（例えば、「キングスカレッジが火事だ」と言うときの）。

この問題の述べられ方がすでに幾つかの混同を表わしている。この問がまるで物理学の問題、例えば、「物質の窮極的構成要素は何か」というように聞えることだけでもそれがわかる。（これは典型的に形而上学的な問である。形而上学的な問の特徴は、語の文法に関する不明瞭性を、科学的問題の形式で表現するところにある。）

この問を問わせる源の一つは、命題関数「私はx（だと、または、を）考える」の二重になった用法である。「私はしかじかのことが起ると思う」「私はしかじかであると考える」とも言うしまた、「私は彼と丁度同じものを考えている」とも言う。「私は彼を期待している」とも言えば、「私は彼が来ると期待している」とも言う。「私は彼を期待している」と「私は彼を射つ」とを較べて見給え。彼がいないときに彼を射つことはできないのだ。「事実でない何かをどうして期待できるのか」「存在しない事実をどうして期待できるのか」といった問はこうしておこるのである。

　この困難からの脱け道は、我々が期待するのは事実ではなく、いわば事実の身代り、事実の影である、と考えることのように思える。しかし前に述べたように、これは問題を一歩ずらすだけである。この影の考えには幾つかの源がある。その一つは、「二つの異なる言語の文が同じ意義《センス》を持ちうることは当然だ」、と言い、「だから意義と文とは同じものではない」と考える。そして、「では意義とは何だろうか」と問う。「その結果」意義であるところの「それ《イット》」を影のような存在に仕立てるのである。それは、物質的対象が何も対応しない名詞に意味を与えようとして創られた数多い影的存在の一つである。

　影的存在を思考の対象だとする考えの今一つの源は次のことである。すなわち我々はこの影を、それが何を表わしているかを問うことが意味をなさないような「端的明白な」画像《ピクチャー》、つまり理解するための解釈を必要としない、解釈なしに理解できる

［理解の基底となる］画像だと想像するのである。［一般的に言って］画像には、我々がそれを解釈すると言うべき種類のもの、すなわちそれを理解するためには別種の画像に翻訳する必要のある画像と、それ以上の解釈なしに直ちに理解できる種類の画像がある。もし君がその暗号の解読キーを知っている暗号電報を見た場合、それを普通の言葉に翻訳するまではその電報を理解できるとは言わないのが普通だろう。もちろんその翻訳で君はただ一つの種類の記号を別の種類の記号で置き換えただけだ。だが君が平文に直された電報を読むときには［それで十分なのであり］それ以上の解釈の過程が起ることはあるまい。［つまり、文字そのものを端的に理解するのだ。］――それとも或る場合には君はその電報［の平文］を更に何か［影のような心的］画像に翻訳するのかもしれない。だがそうであってもやはり君は記号の一組を他の記号で置き換えただけなのだ。［だから画像を端的に理解できると言うのならば画像なしの文字を端的に理解できるとして少しもおかしくない。］

人々の考えでは、この影は或る種の画像、事実、我々の心眼に見えるイメージに非常に近いものなのである。そしてこのイメージ自身、普通の意味での絵具で描かれた画像とさして遠いものではないと考えられている。一つの文を、言い、聞き、読むとき、或るイメージが我々の心眼に浮んでくることがある。このイメージは多少の程度はあるものの、ほぼその文に厳密に対応しており、したがって或る意味ではその文の画像言語への翻訳になっている。確かにこの事実があの影の観念の生じる源の一つである。——だがこの影が画像だと考えられている場合の画像にとって絶対必要なことは、それが我々が「類似《シミラリティ》による画像」と呼びたい画像であることである。私がそう呼ぶものは、それが表現すべきものにそっくりな画像のことではなく、それが表現するものにそっくりな場合にのみ正確な画像〔したがって不正確な画像をも含んだ意味での、類似による画像〕のことである。この種の画像に「コピイ」という語をあててもよい。簡単に言うと、原物と間違えられやすいコピイが上出来の画像なのである。〔しかし、それとは別種の画像がある。〕地球半球の平面投影はこの意味での類似による画像でもコピイでもない。また、人の顔を写生するのに、奇妙ではあるが或る定められた規則に従ってそれを紙の上に投影して描く場合を考えることができる。その画は彼に全く似ていないので普通なら誰もそれを「よくできた誰それの肖像」などとは言わない。

「この例のように」正しくはあるがその対象に少しも似ていない画像もありうること

を念頭におけば、文と現実との間に影を挿入する意味は全くなくなる。なぜなら今や、文自身がそういう影の役を果せるからである。文はまさに、それが表現するものと少しの似たところもない画像である。だが、「キングスカレッジが燃えている」という文がどうして燃えているキングスカレッジの画像でありうるのかと疑うならば、ただ「この文の意味を説明するとき、その説明はどういうふうになされるだろうか」と自問しさえすればいい。その説明が直示定義からできている場合もあろう。例えば、（その建物を指しながら）「これがキングスカレッジだ」、（或る火事を指して）「これが火事だ」と言うように。これが、語と物事とが結びつけられる場合の一つの仕方を示している。

　我々がかくあれかしと願うものはその願望の中に影としてある、という考えは我々の表現形式に深く根ざしている。しかし実は、我々が本当に言いたい不条理に較べれば、それはまだなまやさしい不条理であると言える。本当は、我々のそうあってほしいと願う事実「そのもの」がその願望の中に現在しておらねばならぬ、と言いたいのだが、余りに不条理なので言うのを控えているのだ。そう言いたいのは、まさにこのこれが我々の願望の中に現在していなければ、このこれであってほしいと我々が願うことができるわけがないからである。単なる影ではだめだ、影は影であって対象そのものでないからだ、そして願望には対象そのものが含まれていることが必要なのだ。全くその通りである。——スミス氏がこの部屋に来てほしいという願望は、スミス氏の代理人ではなくスミス氏その人が、私の部屋の代用品ではなく私の部屋そのものへ、来訪の代用品ではなく来訪そのものをすることを願望すべきだと我々は思うのだ。だが事実、これこそ正確に我々が「願望の中で」言ったことなのだ。

この混乱した問題を次のように述べることができよう。通常の表現形式に完全に合わせて、我々は我々が願望する事実はまだここにないもの、従って指差すことのできぬものと考える。だが、「我々の願望の対象」という表現の文法を理解するために、「君の願望の対象は何か」という問に対する返答をちょっと考えてみよう。この問への答はもちろん、「私はしかじかであるように願っている」である。だがもし続けて「じゃその願いの対象は何か」と問われたときの答はどういうものだろうか。ただ以前の願望表現をくりかえすか、さもなくばそれを他の形の表現に翻訳することだろう。例えば、願ったことを別の言葉で述べたり、絵で描いたり、等々することもあろう。だが、自分の願望の対象と我々が呼ぶものは、いわば、自分の部屋にまだ入っておらず、したがってまだ見ることのできない男だと感じていると、何がその願望の対象かをどう説明してみても現実の事実そのものを示しての説明には及ばない、と思ってしまう――残念ながらその事実はまだ自分の部屋にはないので示すことができない。――これは、誰かに「スミスさんを待っている」と言ったとき「スミスさんとは誰ですか」と聞かれて「彼はここに居ないので君に彼を見せることができない、君に見せられるのは彼の写真だけなんだ」、と答えるようなものである。こうして、自分が願望したことが現実に起きるまでは、それを人に完全に説明することは決してできないように思われてしまう。しかしもちろんそれは思い違いである。本当のところは、必ずしも、願望が実現した後でなければ実現する以前よりもまさった説明をしえないわけではない。なぜなら、スミス氏が私の部屋に来る以前の時に、私はスミス氏を友人に示したことがあり、また私の部屋も示したことがあり、また「に来る」の意味が何かを示したことがありえたからである。

問題の困難を次のように言うこともできよう。我々はいろいろなものについて考える、――だがこれらのものはいかにして我々の思考の中に入るのだろう。スミス氏について考える、だがスミス氏がここに居るとは限らない。といって、彼の画像ではだめだ、なぜならその画像が誰の画像なのか知りようがないからである。* 事実、彼のどんな代用物でもだめなのである。では、彼自身はいかにして我々の考えの対象になりうるのか。（ここで私は「我々の考えの対象」という言葉を、以前に使ったのとは違う使い方をしている。ここでは、私がそれについて考えているもののことであって「私が考えているもの」、「つまり意識内容」ではない。）

＊七六頁参照。〔訳者〕

或る人について我々が考えること、語ること、とその人間自身の結びつきは、「例えば」「スミス氏」という語の意味を説明するため彼を指さすときに作られる、と前*に述べた。この結びつきには何も謎めいたところはない。つまり、スミス氏が居ない時にも「このような結びつきとして」彼を我々の心に何か魔法じみたし方で呼び出す奇妙な心の働きなぞはない、ということである。上で述べたのがこれらの問の結びつきであることをみてとるのを難かしくするのは、日常言語のある独特な表現形式である。それが、我々の思考（又は思考の表現）と我々がそれについて考えているものとの「上に述べた種類の」結びつきが考えている間中存続してなければならぬと思わせる。

＊前（八八頁）では、文と現物との結び付きであった。〔訳者〕

「ヨーロッパに居て、アメリカに居る誰かのことを意味できるということはおかしくないか」――誰かが「ナポレオンは一八〇四年に即位した」と言ったとき、「君はアウステルリッツの戦いに勝った男のことを意味したのか」と尋ねると、答が「そう、私は彼のことを意味した」という場合もあろう。この「意味した」という過去形の使用によって、彼がナポレオンは一八〇四年に即位したと言った時にも彼の頭にアウステルリッツの戦に勝った男という観念があったに違いない、と思わせかねないのだ。

　誰かが言う、「N氏が午后私に会いにくる」、私がそこに居る一人を指して「君は彼を意味しているのか」と尋ねる、彼は答える、「ええ」。このやりとりの中で、「N氏」なる語とN氏との間に結びつきが作られたのである。だのに、私の友人が「N氏が会いにくる」と言い且つそれを意味していた時にも、彼の心が「或る不思議な働きでそれと同じ種類の」結びつきをつけていたに違いない、という考えに誘われるのである。

　このことが、意味したり考えたりすることは或る不思議な心的活動であると思わせる一因である。「心的」という語は、それがどのような仕方で働いているのかを知ろうとしても無駄だということを言っているのである。

上で思考について述べたことはまた想像についてもあてはまる。或る人が、火事になったキングスカレッジを想像していると言うとする。自分の想像の中のキングスカレッジは本物ではなくそのイメージだと思っているのだから、我々はこう尋ねる、「君が火事だと想像しているのがキングスカレッジだということがどうしてわかるのか。よく似た別の建物だということはないのか。他に十やそこいらの建物があってそのどれもが君のイメージにぴったりだということがない程に君のイメージは実際絶対正確なものなのか」、と。――それでもなお、「いや、他の建物などではなくキングスカレッジを想像していることに疑いない」、と言うことは、そう言うことによって求めている「その彼の言うイメージと本物との」結びつきをつけていることになるだろうか。「ならない。」なぜならそう言うことは「単に」或る絵の下に「何某氏の像」と書き入れるように「そのイメージを「キングスカレッジのイメージ」と呼ぶようなもの」であるから。「それと同種の状況として」火事になったキングスカレッジを想像しているときに、「キングスカレッジは火事だ」という言葉を発することもないわけではあるまい。だが、「いわゆる」イメージを浮べているときその説明書きの言葉を心の中で呟くことなどしない場合が多いことも確かだ。またかりにその呟きをする場合でも、［上の場合と同様に、結びつけられるのは］イメージから［本物の］キングスカレッジまでの全距離ではなく、ただ「キングスカレッジ」という言葉［との結合］までにとどまることに注意してほしい。［そして肝心の］この言葉と［本物の］キングスカレッジとの結びつきは多分それ以前につけられているのであり［イメージのような仲介者を必要とせず、またイメージは仲介役を果せないのである］。

この問題にあたって我々の陥り易い誤りは、［思考や想像の現場には］イメージその他互いに或る意味では密接につながりあったあらゆる種類の経験が同時に心の中に現在せねばならない、と考えることである。我々がよく憶えている曲を歌うときとか、ABCを唱えるときとかには、音や文字がつながりあっていて、丁度真珠を通した紐を箱から引き出すとき、一粒引き出すと次のがついてくるように、一つがそれに続く一つを引きだすように思える。

この、箱の蓋にある穴から真珠の紐が引きだされてくる視覚的イメージがあると、たしかにこう言いたくなる、「これらの粒はみんな一緒に前々から箱の中にあったに違いない」。だが、これは一つの仮説を述べているのであることはすぐわかる。もしかりに真珠の粒が次々蓋の穴の所で創生してくるとしても、その［視覚的］イメージは同じであろうからである。我々は、意識された心の働きを述べることと、心の機構とでも呼べるものについての仮説を述べることとの区別をたやすく見過してしまうのである。そのうえ、そのような心の働きの仮説や挿し画が日常言語の多くの表現形式に定着させられているので、なおさらである。「私はアウステルリッツの戦いに勝った男を意味した」という文の中の過去形「意味した」は、心を、我々が思いだすものが思い出される以前から収められしまわれている場所だとする挿し画の一部である。私がよく知っている曲を口笛で吹いていたところを中断させられたという場合、誰かに「そのあとどう続けるかを知っているか」と尋ねられたとする。「知っているよ」と私は答えるだろう。では、この、どう続けるかを知っているとはどんな種類の過程なのか。私がどう続けるかを知っているには、曲の続き全部が現在せねばならないように見えもするのだ。

こういう風に問うてみよう、「どう続けるかを知るには、どれくらいの時間がかかるのか」、と。それともそれは瞬間的過程なのか。ここで、レコードの存在と曲「自体」の存在とを混同するのに似た誤りが犯されていはしないか。曲が存在「の場」に登場するには、或る種の「心的」レコードがなくてはならず、曲はそれから演奏されるのだ、と思いこまれていはすまいか。

例をとってみる。私のいる前で銃がうたれたとき、「この銃声は私が思っていた程高くはない」、と私が言う。誰かが、「そんなことがあろうか。この銃声より高い銃声が君の想像のうちにあったとでもいうのか」と反問するとしたら、そんなものはなかったと正直に答えざるをえない。そこで彼は言う、「それなら君は実はもっと高い銃声を待ち構えていたのじゃない――そうではなく恐らくその影を待ち構えていたんだ。――「だがそうだとすると」それがもっと高い銃声の影だってことがどうしてわかるんだ」[*]、と。――では、こういう状況で実際にどういうことが起るのか考えてみよう。多分、銃声にそなえて口を開き、よろめかないように何かにつかまり、恐らく「ひどいのがくるぞ」と言うだろう。そして射撃が終って、「結局大して高い音じゃなかった」、と言う。――体の緊張が解ける。では、この緊張や口をあけることその他と、もっと高い銃声そのものとどう結びつくのか、「と聞かれれば」恐らくそういう銃声を聞いてそういう経験をしたことがあることでその結びつきができたのだ、「と答えよう」。

＊七六・九〇―九一頁参照。〔訳者〕

「或る考えが頭にある」「心に現われた観念を分析する」といったような表現を調べてみること。そういう表現に誤導されないためには、例えば君が手紙を書きながら「心に現われた」考えを正しく表現する言葉を探している時に実際何が起っているのかを見ることだ。自分の心に現われた考えを表現しようとする、と言うがこれは非常に自然に浮んでくる比喩が使われているのである。この比喩は、我々が哲学をしているときに我々を誤らせることさえなければ、結構である。ただ、「この比喩では一と言でからげあげられている」いろいろな場面で実際何が起きるかを思い起してみれば、互いに多かれ少なかれ類似している実に様々に異なった過程があることがわかる。――しかしいかに様々であっても、そのいずれの場合にも、とにかく心に現われた何かに導かれる「という点では変りない」、と言いたくなろう。しかしふたたびそう言うときの、「導かれる」「心に現われたもの」という語は、「考え」や「考えの表現」という語が「場合場合で」意味を異にする毎にそれに伴って異なる意味で使われているのである。

「心に現われた考えを表現する」という言い方は、言葉で表現しようとするものが、ただ別の言語によってではあるが既に表現されている、そしてこの心に現われており、ただこの心的言語から話し言葉にそれを翻訳すればよい、と思わせる。しかし、「考えを言い表わす云々」と我々がいう殆んどの場合に、それとは非常に違ったことが起っている。或る言葉を模索している、といった場合に何が起きているかを考えて見給え。あれこれの語が浮んでくる、私は拒否する、最後に一つの言葉が提案され、「これこそ私の意味したものだ」と言う具合だ。

（定規とコンパスによる角の三等分の不可能性の証明は角の三等分についての我々の観念を明瞭にするものだ、と言いたいところである。しかし、その証明が与えるものは新しい三等分の観念、その証明によって構成する以前には我々になかった新しい観念である。この証明は「たしかに」我々がとろうとしていた道の上を導いてくれた。だが「同時に」我々をもと居た所から連れ去ったのである。つまり、我々がずっと居た場を明瞭に示してくれるだけではなかったのである。「つまり、表現されることによって思想は変化するのだ。」）

ここで立ち返って、先に、思考の表現とその思考が向っている現実との間に或る影が割りこまねばならないと考えても何も得られないと述べた所に戻ろう。現実の画像が必要ならば文そのものがそのような画像である（類似性による画像ではないが、）

ともそこで述べた。

そこでの私の意図のすべては、考える、希望する、願う、信じる等々の心的過程と呼ばれるものが、思想、希望、願望等々を表現する過程とは独立に存在しなければならぬと考える誘惑を取除くことであった。

諸君に要領を一つ教えたい。君が、思考、信念、知識等の本性に困惑している場合には、思想の代りに思想の表現を置き換えてみること。この置き換えで厄介なところ、同時にまたそれがこの置き換えの狙いでもあるが、それは信念や思想その他の表現は或る文《センテンス》に過ぎないということである。――その文は或る言語体系に属するものとしてのみ、すなわち或る記号系の中の一つの表現としてのみ、意味を持ちうる。そこで、この記号系を我々が述べる文のすべてに対するいわば恒久的な背景だと考え、紙の上に書かれ声に出された文こそ独立してはいるものの、心の考える働きの中には記号系が全部ひっくるめて存在している、と思いたくなるのだ。この心の働きは、記号のどんな手動操作にもできないことを奇跡的な方法でやってのけるように見える。しかし、何らかの意味で全記号系が同時に現在していなければならぬという考えの誘惑が消えた時には、もはや表現と並んでそれとは別な奇妙な心の働きの存在を想定する意味もなくなる。しかしこれはもちろん、特有の意識の働きが思想の表現には一切伴わない！ことを示したというのではない。ただ、前者が後者に伴わねばならぬ、ともはや言わないだけなのである。

「しかし、思想の表現は常に偽でもありうる。或ることを言い別のことを意味できるからである。」だが、或ることを言い別のことを意味する時におこる、場合場合で違うさまざまなことを考えてみ給え。——次の実験をしてみ給え。「この部屋は暑い」という文を口にしながら「寒い」を意味してみる。そして何を実際にやっているかを精しく観察してみ給え。

　こういう生き物を想像するのはたやすい。その生き物はプライベートな思考を「傍白」の形でする、そして嘘をつくには一つのことを正面きって話しついでその逆のことを傍白する。

「だが、意味したり、考えたり等はプライベートな経験であって、書いたり、話したり等の「人目に見える」行動とは違う、」「と言われよう」。——それなら、それが「例えば」書くという特定のプライベートな経験——書いたり話したりするときの「プライベートな」筋覚的、視覚的、触覚的経験であってはいけないわけはないではないか。

次の実験をしてみ給え。或る文、例えば、「明日は多分雨だろう」と言い、またその通りを意味してみる。つぎに、同じことを考え、今意味したことをも一度意味してみる、しかし今度は何も言わない（声にもださず、内語もしない）。つまり、明日は雨だろうと考えることが明日は雨だろうと言うことに伴う「それとは別の」ことならば、始めのことだけをやって二番目の行動を差控えてみよ、ということである。——考えることと話すこととが歌の歌詞とメロディの関係にあるならば、丁度歌詞抜きで節だけを歌えるように、話すことをしないで考えることだけをやれよう。

だが少なくとも、考えること抜きで話すことはできはすまいか。もちろんできる——しかし、君が考えることなしに話す場合、どんな種類のことを君はしているのかよくみてみ給え。まっさきに注目してほしいのは、「話し且つその中味を意味する」と呼びたい過程と、考えなしに話すと呼びたい過程とを区別するものは必ずしも、話している時点で起きることではない、ということである。この二つを区別するものが、話の以前と以後に起きることである場合も十分にありうる。

私が今慎重に、考えることなしに話すことをやってみるとしよう——実際私はどういうことをするだろう。例えば、或る本から一つの文を読み上げる、だが自動的に読もうとする、すなわち、他の場合なら読むことで生まれてくるイメージや感情と一緒にその文を読まないように極力つとめる。その一つの方法は、朗読している間何か他のことに注意を集中する、例えば、朗読の間皮膚を強くつねることであろう。——次のように言おう。考えることなしに文を話すとは、話にスイッチを入れ、話に伴うもののごとの方のスイッチを切ることである。では、考えてほしい。その文を言うことなしに考えることはこのスイッチを逆にすることであろうか（前には切ったスイッチを入れ、入れたものを切る）、と。つまり、その文を言うことなしに考えるとは、今度は単に、言葉に伴ったものごとの方を留めて言葉の方を取り除くことか、と。或る文の思想をその文なしで考えようと実際に試みて、そしてこれが現に起きることかどうかをみてみ給え。

要約してみよう。「考える」「意味する」「願う」等のような言葉の使い方を吟味するならば、この吟味を経過することによって、思想を表現する行為とは別に何か奇妙な媒体の中にしまいこまれた奇妙な思考作用を探し求めたい誘惑から解放される。また、もはや既成の表現形式には妨げられることなく、思考の経験とは単に言表の経験である場合もありうるし、言表の経験プラスそれに伴う他の経験からなっている場合もあることを認めることができる。（また次の場合を検討するのも有益である。掛算が文の一部である場合。例えば、掛算7×5＝35を言うと共にそれを考える、今度は考えることなしに言ってみる、これらがどういったものであるか考えて見給え。）語の文法を吟味することで、偏りのない眼で事実を見ることを妨げていたその表現の固定化したしきたりが弱められる。我々の探究はこの偏りを取り去ろうとしてきたのである。この偏りが、我々の言語に埋めこまれている或る挿し画に事実の方が合わねばならぬという考えを強いるのである。

「意味」という語は、我々の言語の中で半端仕事を受けもっていると言えるような言葉の一つである。大部分の哲学的トラブルをひきおこすのはこの種の言葉である。或る組織を想像してみる。そのメンバーの大部分は正規の役割、例えばその組織の規約の中にきちんと規定できる役割をもっている。ところが、半端仕事、といっても非常に重要な場合もある半端仕事のために雇われているメンバーも若干いる。――哲学で大抵の厄介ごとをひきおこすもとは、この重要な「半端仕事」言葉を正規な役割を持つ言葉のように見なしがちなことである。

個人的《パースナル》経験［すなわち経験の私秘性］について語るのをこれまでひきのばしてきた理由は、この問題を考えだすとあまたの哲学的困難が呼び起され、日常的に経験の対象と呼ぶべきものについての常識的概念のすべてが壊されんばかりにみえるからである。これらの問題に打ちのめされると、これまで記号について、また事例の中でいろいろあげた対象について述べてきたことを全部改めなければいけないかもしれぬ、と思われることすらある。

　この状況は哲学の研究では或る意味で典型的なものである。時にはこの状況は、すべての哲学問題が解けるまではどんな哲学問題も解けたとはいえない、というようにも言われてきた。その意味は、問題全部が解けない限り新しい困難が起きてそれまでの解答全部が疑わしくなる、ということである。このような包括的な言葉で哲学について述べるというのであれば、大ざっぱな答でしかこれには答えられない。新しい問題が起きそれによって、これまでの部分的解答が最終的な画像の中に占めるべき位置が問題とされる場合がある、と。それに対して、［それだけではなく］これまでの解答を解釈し直す必要を言われるならば、［再解釈と言うよりはむしろ］それらはこれまでと違った周囲の中に置かれなければならないのだ、と言いたい。

図書館の本を整理せねばならぬと想像してほしい。始めには本は床の上にごちゃごちゃに散らばっている。それらを分類して置き場所をきめるのには多くのやり方があるだろう。その一つは、一冊ずつ拾ってその本を置こうとする場所に置くことであろう。別なやり方として、若干の本を選びとってただその小グループの中だけでの配列順を示す目的で棚に一列に並べる、というのがあるかもしれない。整理が進行した段階で、この一列がそっくりそのままで違う場所に移されることになった、とする。しかし、そのことでこれらの本を棚にひとまとめにしたことが最終結果に何の役割も果さなかったと言うのは誤りである。事実この場合、ひとまとめになる本を一緒にしたことは一つのはっきりした成果であることはすこぶる明白である。そのままの全体が場所変えされたにせよである。哲学の偉大な成果の或るものは、一緒になると思いこまれた本を引きだして別々の棚に置くのに較べる以外はない。それらの本は今後は並ぶことがないということをのぞけば、本の置き場所についての何ら最終的な成果はない。この仕事の難しさを知らない傍観者はこういう場合何らの成果もないと思いがちである。——哲学で難しいのは自分で知っていること以上は何も言わないことである。例えば、二冊の本を正しい順に並べたところで、それが最終的な場所に置いたわけではないことを承知する難しさである。

我々を取り囲む［外的］対象と我々の［内的な］個人的経験との関係を考える時、時に、これらの個人的経験が材料であってそれから現実が作られていると言いたくなる。この誘惑がどうして生じるのかは後に明らかになるだろう。

こうした考えでは、我々の周囲の対象に対する確固とした保持が失われ、代りに、人それぞれのばらばらになった多くの個人的経験だけが残るように思われる。そしてこの個人的経験自体もまた定かならず、絶えざる流動のうちにあるようにみえる。我々の言語はそのような個人的経験を描写するように作られていないようにみえる。そこで、この事態を哲学的に明らかにするには日常言語は余りに粗すぎ、それより微妙な言語が必要だ、と考えるようになる。

［つまり］何か一つの発見をしたように思われてくる。――我々が立っていた地盤、確固として信頼できるように見えた地盤、それが沼地のようで危険なものであることがわかる、そうも言えよう発見。――［だが］こうしたものは、我々がただものごとを哲学化するときに起こることなのだ。常識の立脚地に戻るや否やこの包括的な不確実性は消失する。

この奇妙な状況は、一つの例、例というよりは寓話の一種を眺めてみるといくらか明るみを増してくる。通俗科学者の語るところによれば、我々の立っている床は常識には堅固に見えるが実はそうではなく、その材は殆んど真空といってよい程稀薄に散らばった微粒子からできているのがわかった、と。これは我々を面くらわせやすい。或る意味では我々はもちろん床が堅固なことを知っているし、それが堅固でないとすれば材木が腐っているからということはあるが、それが電子等からできているためだなどということではないことも知っているからである。それが電子等からできているという理由で床は堅固でないと言うのは言葉の誤用である。かりに、その微粒子が砂粒位大きくまた砂山の砂程度につまっているとしても、砂山が砂でできているというのと同じ意味で床が微粒子でできているならば、床は堅固ではないだろうからである。我々が面くらったのはそれを誤解してここに、ぽつぽつ微粒子が散在する画像を当てはめたためである。「それどころか、逆に」物質構造のこの画像はもともとこの堅固さという現象を説明するためのものだったのである。

この例で「固さ」という言葉が間違えて使われ恰も何物も本当には固くないことが示されたようにみえた。それと全く同様に、感覚的経験の包括的な曖昧性やすべての現象の流動性についての困惑を述べるにあたって「流動」とか「曖昧性」とかの語が、典型的に形而上学的な仕方、すなわち対照語を欠く仕方で誤って使われるのである。正しい日常的用法では、曖昧性は明晰に対し、流動は安定に対し、不正確は正確に対し、問題は解決に対して使われる。［だから］この「問題」という語が哲学的トラブルに用いられるのも適用の誤りだと言えよう。これらの哲学の難問は、それらが問題としてみられている間は、欲しくとも手が届かないものであり、そして解決不可能にみえるからである。

自分の経験だけが本当の［経験］だと言いたい誘惑がある。「私が見、聞き、痛みを感じる、等のことはわかっている。だが他人がそうしているかどうか私にはわからない。私は私であり他人は他人であるという理由で。」

とはいうものの、私の経験が唯一の本当のものだと人に言うのは恥ずかしい。しかも彼が全く同じことを彼の経験についていえると答えるだろうことはわかっている。これでは馬鹿げたしゃれになるだろう。また、こう反問される、「誰かの痛みに同情するなら、もちろん君は少なくとも彼に、痛みがあることを信じていなければならない」、と。だがそれを信じることさえできようか。この言葉がどうして私に意味をもてるのか。その証拠が全くありえないとき、他人の経験という観念を持つことすらできないではないか。

だがこれはおかしな疑問ではないか。誰か他人が痛がっているのを私が信じられないということがあろうか。それを信じるのはまったくたやすいことではないか。——ことは常識に映じるままだと言う答ではいけないのか。——また言うまでもないが、日常生活ではこういう困難は感じない。また、我々の経験を内観によって調べるとか科学的探究を試みるとかすればそれを感じるというのでもない。そうではなく、我々の経験を或る仕方で眺めると、どういうものか我々の表現がもつれがちになるのである。はめ絵のまちがった駒を手にしているのか、駒が足りないのか、ともかくはめ絵がうまくゆかないというように感じられる。いや、駒は全部そろっている。ただごちゃごちゃになっているだけなのだ。このはめ絵と上の場合との類比はまだある。駒を無理に力ずくで合せても無駄だということである。すべきことは、注意深く駒を眺めてそして配列することである。

物質的世界（外界）の事実を述べているといってよい命題がある。簡単に言えば、それらは物理的事物、すなわち固体や液体その他について述べる命題である。だが特に自然科学の法則を考えているのではなく、「うちの庭のチューリップは満開だ」とか「スミスはもうくる頃だ」というような命題なら何でもよい。それに対して、個人的経験を描写する命題がある。例えば、心理学の実験で被験者が自分の感覚的経験、例えば視覚的経験をどんな物理的事物が現実に眼の前に置かれているかとは無関係に述べる場合の命題である。この命題はまた、彼の網膜、神経、大脳、肉体の他の部分で起きる観察可能な過程とは無関係に述べられることに注意してほしい。(すなわち、物理的事実とも生理学的事実とも無関係に。)

一見では、ここに二つの世界、異なる材料からできた二つの世界、心的世界と物理的世界があるようにみえる(だがなぜそうみえるのかは後になってから明らかになる。)この心的世界は実際何かガス状、いやむしろエーテル状のものとして想像されやすい。ここで、[一般に]ガス状乃至はエーテル状といわれるものが哲学で演じている奇妙な役割を思いおこしてほしい。——或る名詞が一般に[現実的]対象の名と呼ぶべきもののようには使用されないのを見、それゆえそれはエーテル的対象の名であると言う他はないとされる場合の奇妙な役割を。つまり、我々が或る言葉の文法について当惑を感じた場合、そしてそれらが物質的対象の名として使われていないことだけが明白な場合、その言いのがれとしての「エーテル的対象」の観念を我々は既に経験ずみなのだ。これは、二つの材料、心と物質の問題が解消してゆく仕方についてのヒントとなる。

時に、個人的経験の「中の」現象は或る意味では、地上で起こる物質的現象に対し大気上層部で起きる現象のようなものと思われる。物質的現象がその複雑さを増して或る程度に達するとこの大気上層中の現象が生じるのだ、という見解である。例えば、動物の体が或る複雑性をもった形態に進化した時、感覚的経験や意志発動その他の心的現象が出現するのだ、と。これは或る意味では余りに当然のことである。アミーバは話し書き議論することはもちろんできないが我々にはできるのだから。しかしここで起こる問題は、「機械が考えるということは可能か」とも表現しうる問題である（この機械の働きが物理法則によって記述され予測されるのであっても、または、有機体の行動に適用される別種の法則によってのみそれが可能だとしても）。この問が表わしている疑問は実は、それができそうな機械が「どんなものなのか」まだわからないということではない。この後者の問は、百年前なら誰かが問うたかもしれない「機械は気体を液化できるか」に類する問である。問題はむしろ「機械が考える（知覚する、願う）」という文が何か無意味に思えることである。それは「数3に色があるか」と問うに似ているのである（我々が知っている色でないことは明白なのだから、一体どんな色なのか）。この面からみるならば、個人的経験は物理的化学的生理学的過程の産物であるどころか、どんな意味であれそれらの過程について云々されるすべてのことの基礎そのものであるように思える。この面からみるとき、あの建築材料の観念を更に別の誤らせやすい仕方で使って、心的、物理的、どちらの世界もともに「個人的経験という」一つの材料だけからできている、と言いたくなるのだ。

「このように」我々の知るものごとすべてを眺めて、この世界は個人的経験の上にたてられていると言えるとすると、我々の知識はその価値、信頼性、堅固さの多くを失うように思える。すべては「主観的」だと言いたくなる。或る意見を単に主観的であり趣味の問題だと言う時のような、見下す意味で主観的だ、と。この見方が経験と知識の権威をゆるがすようにみえるということが、言語が我々を誘って人を惑わせる比喩をそこに描かせていることを示唆している。あの通俗科学者が我々の立っている床は電子からできているのだから堅固ではないことを示したかに見えたことが思い出される。

我々は、自分の表現の仕方でひき起された当惑に面しているのである。

それによく似た当惑が、「自分に個人的経験があるのがわかるだけで、他人にそれがあるのかどうかはわからない」という文に表現されているのである。――では、他人にも個人的経験があるということは、なくもがなの仮説というべきなのか。――しかし、第一それは［事実的］仮説なのか。あらゆる可能的経験を超えているのなら、その仮説をたてること自体どうしてできるのか。そのような仮説にどうやって意味を裏付けできるのか（それは金の裏付けのない紙幣のようなものではないか）。――他人に痛みがあるかどうかはわからないが、例えば彼に同情する時にそれがあることを確かに信じている、と言われても何の助けにもならない。もちろん、彼に痛みがあると信じていなければ、同情することはないだろう。［だが問題は］それは哲学的、形而上学的な信念なのか、である。実在論者の方が観念論者や独我論者よりも私に深く同情するというのか。――だがその前に独我論者は尋ねているのである、「他人に痛みがあるとどうして信じることができるのか。それを信じるとはどういう意味なのか。そのような想定はどうして意味を持てるのか」、と。

常識哲学者の答は――注意してほしいが、［哲学的］観念論や実在論とは縁のない常識人のことではない——常識哲学者の答は、私にあるものが他人にあると想定し、考え、想像するという考えにはもちろん何の困難もない、である。この〔常識哲学の〕現実主義者の困ったところは、彼の論敵自身も解決できないでいるとはいえ、その論敵が面している困難を解くのではなくとびこえていることである。この現実主義者の答自身が我々からみればその困難を展示している。この答のように言う人は、「にある（to have）」とか「想像する」という言葉の異なる用法の間の差異に気付いていない〔ことがわかる〕からである。「Aには金歯がある」、とはその歯がAの口の中にあるということである。このことは、私にそれが見えないことの理由となりうる。だが、彼の歯痛の場合、その歯痛は彼の口の中にあるから私にはそれを感じることができないと言うのは金歯の場合と類比をなさない。この困難をひき起すのは、この二つの場合の表面上の類似性と、〔真の〕類似性の欠如なのである。現実主義者が気付いていないのは、我々の文法のこの厄介な特性なのである。〔ところで〕私が他の人の歯〔の場所〕に痛みを感じることは想像可能である。他人の身体に痛みを感じるという観念の理解を深めるならば、今我々が落ちこんでいる文法的困難の正体が明瞭になるだろう。それをそのままにしてこの問題に迷い悩むとき、「私には彼の痛みを感じることはできない」という形而上学的命題と、「他人の歯に痛みを感じることはできない（［実は］通例は感じない）」という経験命題とを混同しがちになるであろう。この経験命題での「できない」の語は、「鉄釘ではガラスに掻き傷をつけることはできない」という命題の中でと同じ仕方で使われている。（これを「経験の教えるところでは、鉄釘はガラスに掻き傷をつくらない」という形に書いて「できない」を使わないようにもできる。）一人の人が他の人の身体の中に痛みを感じるということが想像可能であるのをみるためには、痛みが或る場所にあることの［定義］基準としてどんなことがとられているかを調べなければならない。次の場合を想像するのはたやすい。自分の手先が見えるとき、私は必ずしもその手先と体の他の部分とのつながりを意識しているわけではない。つまり、手先が動いているのは見ているが手先を私の胴につなげている腕は見ていない、ということが屢々ある。またそういうとき、見るのとは別な仕方で必らず腕の存在を確める、ということはしない。それゆえ、私の知る範囲ではこの手先が私の隣りの人の体につながっている（もちろんどんな人体にもつながっていない場合もある）ということもありうる。今私が或る痛みを感じ、その痛みだけに基づいて、というのは例えば眼を閉じたままで、それは私の左手先の痛みだと言うような痛みだったとする。誰かが私にその痛い場所を私の右手で触わってみよと言う。私はそうする、そして「眼をあけて」見まわすと、隣りの人の手（隣りの人の胴につながっている手の意味）に触っているのを認識する。

自問してみ給え。痛みの場所を指せと、求められたとき、どこを指せばよいかどうしてわかったのか。この指し方は、「この紙の上の黒点を指せ」と言われて紙の上の黒点を指すのと同種のものか。誰かが、「君がこの場所を指すのは、指す以前に痛みはそこだと君は知っていたからだ」と言うとすれば、「痛みがそこだと知っているとは何を意味するのだろうか」と自問してみ給え。「そこ」と言う語は一つの場所を指示する――しかし、いかなる空間での場所なのか。つまり、いかなる意味での「場所」なのか。ユークリッド空間における痛みの場所を知っているのであり、したがってどこが痛むかを知っておればその痛みはこの部屋の二面の壁と床からどれ程の距離にあるかを知っている、というのであろうか。「では」指先に痛みがあり、その指先で歯に触わったら、その時私の痛みは「その同じ場所にある」歯痛でもあり指の痛みでもある、というのか。たしかに、或る意味では痛みは歯のところにあるとも言える。しかしこの場合歯が痛いと言うのが誤りである理由は、痛みが歯にあるためにはそれが私の指先から十六分の一インチ離れておらねばならぬ、ということなのか。「どこ」という言葉はさまざまに異なる意味での場所を指示しうることを憶えておいてほしい。(この語で、互いに大なり小なり似てはいるが相異なる多くの文法的ゲームがやれる。数字「1」のいろいろな用法のことを考えてほしい。)或る物がどこにあるかを知っていて、その知識によってその物を指す場合もある。その知識がどこを指すのか教えるのである。このような場合には、知識は注意深く物を指すための「必要」条件として考えられている。こういう場合に例えば、「君の言う斑点を私が指せるのは、それが私に見えるからだ」「その場所は知っているから君に教えられる、はじめ右に曲って……」と言うことができる。ところが「この場合を一般化して」「物を指すことができる前に、それがどこにあるかを知っておらねばならぬ」と言いたくなるのだ。だが、「或る物に眼を向ける前に、それがどこにあるかを知っておらねばならぬ」と言うのは恐らくもっとためらいを感じるだろう。もちろんそう言うのが正しい場合もある。しかし、「必ずいつも」場所の知識という或る特定の心理的状態なり出来事なりがあって、物を指す、その方へ行く、等の意識的行為のどれにも先立たねばならぬ、と考えたくなるのだ。これに類似したケース、*「命令を了解するということがまずあってのみ、命令を実行することができる」のことを考えてほしい。

＊前出。一二・三一頁。〔訳者〕

私が自分の腕の痛む場所を指すとき、どういう意味で、その場所を指す前にどこが痛いかを知っていた、と言えるだろうか。それを指す前に、「痛みは左腕だ」と私は言うこともできた［という意味だろうか］。かりに、番号をつけた線でつくった網目で私の腕を蔽い、その表面のどこでも［その番号の組で］指示できるようにしたとする。その時、痛い場所を指す前に、この座標でその場所を述べることもできることが必要［条件］なのか。私の言いたいのは、指す行為［そのものが］痛みの場所を決定するということなのだ。ただし、この指す行為を、［ここかここかと］探査によって痛みの場所を見つける行為と混同してはならない。事実、この二つが別の場所に導くこともありうる。

誰かが他人の体に、あるいは家具の一つに、あるいは何もない所に、痛みを感じると言ってよいケースとして、さまざまのものが無数に考えられる。もちろん、我々の体の特定の場所、例えば上の歯の一つにある痛みにはそれを取り巻く［例えば、頰を押さえるような］特有の触覚や運動感覚があることを忘れてはならぬ。手を上に僅かの距離だけ動かせて眼に触れる、と言う時の「僅かな距離」とは触覚的または運動感覚的な、あるいはその両方の距離を指している。（この触覚的距離と運動感覚的距離とが普通の場合とは違う仕方で関連している場合を想像するのはたやすい。指を口から眼のところまで動かした時、口から眼までの距離は「腕の筋肉にとっては」非常に大きく感じられることもありえよう。歯医者に歯に穴をあけられ中をかきまわされている時、歯のうちがどんなに大きく思われるか、を考えてほしい。）

手を上に僅か動かせば眼に触れると私が上に述べたとき、触覚的判定だけの意味でそういったのである。つまり、私の指が私の眼に触れると言うための［定義］基準をただ、自分で自分の眼に触れていると言わせるような特定の感じがした、ということだけに［限った］のである。それに何の視覚的証拠がなくとも、またたとえ鏡をのぞいて指が眼ではなく例えば額に触わったのが見えても、それとは関係なしに、である。「僅かな距離」で私は触覚的または運動感覚的距離を意味したように、「それらは僅かな距離だけ離れている」と言う時の場所はまた触覚的場所のこととする。したがって、私の指が触覚的運動感覚的空間の中で私の歯から私の眼まで動く、と言うことは、我々が「私の指が私の歯から私の眼まで動く」と言う時の通常の触覚的運動感覚的経験を今私がしている、という意味である。しかし、この「私の指が……」という普通の文の証拠と見なされるものは、誰もが知っての通り、決して何も触覚的運動感覚的なものに限られてはいない。実際には、今いった触覚や運動感覚が私にあったにせよ、私の視覚によって「私の指が……」という命題を私が否定することもありうる。「その場合」その命題は物理的事物についての命題［としてとられている］。（「物理的事物」と言ったからとて、事物の種類別をしていると思わないでほしい。）物理的事物についての命題とよばれるものの文法では、多様な種類の証言がこの種の命題の証拠として許されている。「私の指が……」という命題の文法の特性として、「それが動くのが見える」「それが動くのを感じる」「彼にそれが動くのが見える」「彼が私にそれが動くと言う」等の命題がその証拠とみなされるのである。今「私の手が動くのが見える」と言うと、一見、それで、「私の手が動く」という命題を肯定していることが前提されているかにみえる。しかし、「私の手が動くのが見える」という命題を単に「私の手が動く」という命題の証拠のうちの一つに過ぎぬとする場合、後者の真理性が前者で前提されているのではないことはもちろんである。ここで、「私の手が動く」の代りに、「恰かも私の手が動いているかにみえる」という表現ではどうかという示唆があろう。だがこの表現は、私の手は本当は動いていないのに動いているようにみえる可能性を示しはするものの、動いているようにみえるためにはとにかく手は存在していなければならないと思わせる。それと異なり、［純粋に］視覚的証拠を述べる命題［だと］それが真でありながら同時に他の証拠によって私には手がないと言うような場合をたやすく想像できるのである。通常の表現ではこの点が曖昧になる。日常言語の不利な点は、例えば触覚的経験を叙述するのに「目」「指」等物理的事物に対する語を使わざるをえないことである。だが、我々の言い表したいことには、目や指等の存在することは含まれていないのである。もちろんこのことで、我々の特定の目的には日常言語では不十分だというのではない。少し厄介で時に誤らせやすいという だけである。日常言語のこの特性はもちろん、或る感覚的経験相互の間にみられる規則的な符号の故である。例えば、私の腕が動くのを感じるとき大抵はまたそれが動く のが見える。また「も一つの」手でそれに触わるとその手もまた動きを感じる、等。(「それに対する異常な場合として」足を切断された人が或る痛みが足にあると述べる ことがあるだろう）こういう「ことを言い表す」場合に、「或る感覚が私の触覚的頬から触覚的眼まで移動する」といったような表現が是非ほしいのである。長々とこういうことを述べてきたのは、痛みをとりまく［例えば、傷を撫でるときのような］触覚や運動感覚のことを考えると、自分の歯以外の場所で歯が痛むこともありうると想像するのが難しいことがあるからである。しかし、そのような想像は［実は］単に、視覚的、触覚的、運動感覚的、その他の経験の間に、普通の場合とは異なった相関関係を想像するだけのことである。例えば、或る人が歯痛とともに或る触覚的、運動感覚的経験をしている。その触覚と運動感覚は普通なら、自分の手が自分の鼻から歯へ、そして眼へと動いてゆくのを見ることに結合しているのだが、今は他人の顔の上でそういう動きをしているのを見る視覚的経験と結びつく、そういう場合を想像できる。また、自分の指が自分の顔を撫でている触覚をその指と顔に感じている、ところがその手首の運動感覚および視覚的経験では、その指は自分のひざの上を動いていると言わざるをえない場合を想像できる。さていま、歯痛の感覚と共に、その痛む歯やその近辺の顔の部分に触れるとき通常感じる触覚的、運動感覚的経験があるとする。しかしそれらに伴って私の手は机の縁に沿って動くのが見えるとしたら、これを机にある歯痛の経験と呼ぶべきか否かに迷うだろう。しかしもし、その触覚的、運動感覚的な感覚に、自分の手が他の人の歯や顔の部分に触わるのが見える視覚的経験が結びつくなら、これを「他人の歯にある歯痛」と呼ぶことはたしかである。

前に述べたように、他人の痛みを感じることは不可能だと主張する人は、それによって、一人の人が他の人の体に痛みを感じることは可能だということを否定しようというのではない。事実、その人は、「私が他人の歯に痛みを感じることがあるかもしれない。だが彼の痛みではない」とも言えるのである。

「Aには金歯がある」と、「Aに歯痛がある」、この二つの命題はこうして使われ方が違うのである。それらの命題は文法上始め一見同じに思われたのだが実は違うのである。

「想像する」という語の使用について――「もちろん他人に痛みがあると想像するという特定のはっきりした行為がある」と言われよう。もちろんそれを否定しはしない。また事実についての言明ならどんな言明でも。しかし考えてみよう。「その想像で」もし他人の痛みのイメージを思い浮べているのならば、例えば黒眼の人を想像する時の黒眼のイメージと同じ役割をそのイメージが果しているのだろうか。ここでまた、普通の意味での想像を、イメージを絵に描くことで置き換えてみよう。（これが或る種の生き物が想像する当り前の仕方だということは十分ありうる。）このやり方で、

Aが黒眼であるとの想像をしよう。「このやり方での」絵の非常に重要な使い方は、それを実物の眼と較べてその絵の正しさを調べることであろう。我々が誰かが痛みに悩んでいるのをまざまざと想像する時、その人の痛みの場所に当る自分の体の部分に感じられる痛みの影とでもいえるものが我々のイメージに入ってくることが多い。しかし、或るイメージがどういう意味でのイメージなのかは、それが現実とどういう仕方で照合されるかによってきめられる。この照合の仕方を投影の方法と呼べるだろう。さて、我々の持つAの歯痛のイメージを彼の「現実の」歯痛と照合することを考えてみ給え。照合のしようがあるだろうか。いや、彼の身体動作によって「間接的に」照合する、と言うのなら、私は答えよう、それでは、君は彼の振舞の絵を彼の振舞と照合しているのであって歯痛を照合しているのではない、と。

また、「Aに痛みがあるとき、あなたがそれを知ることはできないことは認める。あなたはただ推測できるだけだ」、と君が言うならば、君には「推測する」と「知る」という言葉の用法の違いにひそむ困難がわかっていないのだ。君が、知ることはできない、と言った時どんな不可能性を意味していたのか。他の人に金歯があるかどうか、その人が口を閉じてるので知ることができない、これに似たものを考えていたのではないか。そういう場合なら、実際には知らないとしても、それにもかかわらずそれを知っていると想像することはできる。実際はその歯を見ないにせよ、それを見たと言うことは有意味である。別の言い方をするなら、彼の歯を見ないと言うことは有意味である故にそれが見えるということもまた有意味なのである。だが、他人に痛みがあるかどうか人は知ることができないと君が認めた時、君が言いたかったのは、事実問題として人はそれを知らないということではなく、知っているということは意味をなさない（従って、知らないと言うことも無意味）ということだった筈だ。だからこの場合「推測する」とか「信じる」という言葉を君が使うとしても、それらを「知る」に対立する言葉としては使えないのである。だから、君が述べたことは、知ることは達することのできないゴールであり推測することで我慢すべきだ、ということにはならない、［いや、なりえないのだ］。このゲームにはゴールはないのである。「一二三の数列全部を数えあげることはできない」、と言うことは人間の非力について述べるのではなく、我々が作った規則について述べているのである。丁度それと同様なのだ。この言明はしょっ中誤って、「大西洋を泳いで渡ることは人間には不可能だ」というような命題と同類にされるが、それとは違うのである。それは、「耐久レースにはゴールがない」のような言明に類似しているのである。これが、……を知ることはできないが……を推測することはできる、という言い方に満足していない人がぼんやり感じていることの一つなのである。

寒い日に風邪で頭が痛いのに出掛けようとする人間に腹をたてた場合、「君の風邪で僕は痛くないからね」と言うことがある。これは「君が風邪をひいても私は痛くもかゆくもない」という意味でありうる。これは経験に教えられた命題である。「経験的だというのは」二人の人間の体をいわば無線回路でつないで一人が頭を寒気にさらすと、もう一人に頭痛がおきるようにすることは想像可能だからである。その場合、その痛みはこっちの頭の痛みなのだから、私の痛みであって「彼の痛みではない」、と言われるかもしれない。では、私と誰か他の人が体の一部、例えば掌を共有したと想像してほしい。私の腕とAの腕の神経や腱が手術でこの「私の」掌につなげられたとする。この掌が蜂に刺される。二人ともあっと叫び、ともに顔をゆがめ、同じような痛みの叙述をする、等々。このとき、二人に同じ一つの痛みがあったと言うべきか、それとも別々の痛みがあったと言うべきだろうか。このような場合、「我々は痛みを同じ体の部分の同じ場所に感じるし、我々の痛みの描写も符合する。しかしそれでも私の痛みは彼の痛みではありえない」と君が言うとすれば、その理由として君が言いたいのは、「私の痛みは私の痛みで、彼の痛みは彼の痛み」だからだろう。とすれば、君は「同じ痛み」というような句の用法についての文法的言明をしているのである。「彼に私の痛みがある」とか、「我々に同じ一つの痛みがある」という句の使用を嫌い、かわりに多分「彼の痛みは私の痛みにそっくりだ」のような句を使う、と君は言っているのだ。（二人がなお痛みを感じているとき、も一人の方が痛みを麻酔したり鎮めたりすることは可能なのだからこの二人が同じ一つの痛みを共有することはありえない、と言っても反論にはならない。*）もし「私に彼の歯痛がある」という句を言語から排除するならば、「私に私の歯痛がある（又は私は私の歯痛を感じる）」という句もまたそれと共に排除する「ことになる」のはもちろんである。上の形而上学的言明の別の形は、「或る人の感覚与件《センスデータ》は彼だけのプライベートなものである」というものである。この形に表現されると、一層経験的命題の外見をもつので、なおさら人を誤らせやすい。これを言う哲学者が自分は或る科学的真理を表明しているのだと思うことも十分に考えられることである。

*なぜならないのか、私にはわからない。〔訳者〕

普通、「この二冊の本は同じ色をしている」という言い方が使われる。しかし、「何といってもこの本はそれ自身の色をしており、もう一つの本もそれ自身の色なのだから、それらが同じ一つの色であることはありえない」、と言っても何のおかしい所もない。これもまた或る文法規則を述べているのかもしれないからである。ただその規則はたまたま通常の規則とくい違っているが。そもそもどうしてこの二つのくい違った用法が人の頭に浮ぶかといえば、それは感覚与件の場合を物理的な物体の場合になぞらえるからである。物理的物体については、「これは一時間前に私が見たのと同じ椅子だ」と言う場合と、「いや同じ椅子ではないが全くそっくりな椅子だ」という場合を我々は区別する、「それが感覚与件に移されるのだ」。だが物理的物体の場合には、「Aはロンドンに B はケンブリッジにいたのだから、AとBとが同じ椅子を見る筈はなく、全くそっくりな二つの椅子を見たのだ」と言うことが意味をなすし、また経験命題なのである。(ここで「事物の同一性」と呼ばれるもののさまざまな定義基準を考えてみるのが有効である。「それは……と同じ日だ」「これは……同じ語だ」「それは……と同じ時だ」、等の言明をどういうように使っているのか。)

上の議論でなされたことは、形而上学的命題の中に「できる」という言葉に出会った時我々がいつもすることである。その命題が或る文法規則を［気づかれないように］ひそめていることを示すのである。つまり形而上学的命題と経験命題の外見上の類似性を破壊する。そして、日常言語では満たされない形而上学者の願望を満たす表現形式、しかし、その願望が満たされない限り形而上学的困惑を生む表現形式、その表現形式［にひそむ文法規則］を見出そうとするのだ。また［例えば］形而上学的な意味で「自分に痛みのあるときには私は必ずそれを知っている筈だ」と言うとき、この言い方は単に「知る」という言葉を遊ばせることであり、「私は自分が痛いのを知っている」と言う代りに単に「痛みがある」と言える［ことを示すのである］。もちろん次のような場合には事情は別である。自分に痛みがあるのにそれを知らないと言えるのはどういう場合か、その経験的［判定］基準を定めて、「無意識痛」という言葉に意味を与え、その上で、自分の知らぬ痛みのあった人は経験的事実としていないと（その真偽は別として）言う場合。

「私は彼の痛みを感じることはできない」と言う時、超え難い障壁の観念が我々に浮んでくる。とやかく言う前にこれに似た場合を考えてみよう。「青と緑の色は同時に同じ場所にありえない」、という場合。この場合浮んでくる物理的不可能性の像は恐らく障壁の像ではない。むしろ、この二つの色が互いに押しのけあっているように感じる。この「物理的不可能性の」観念が「この場合浮んでくる」もとは何であろうか。――このベンチは三人並んで坐れない、その余裕がない、と言うとする。だが色の場合はこれと同類ではない。しかし、「十八インチの三倍は三*フィートにならない」と言う場合に何らかの意味で似ている。「十八インチ云々」は或る文法規則であって、論理的不可能性を述べている。この例はなぜ「物理的、論理的の」二つの不可能性が混同されるのかを明らかに示している。（「彼は私より六インチ背が高い」という命題を、「六フィートは五フィート六インチより六インチ長い」という命題と較べて見給え。この二つの命題は種類が全く別なのにそっくりにみえる。）こういう場合に、物理的不可能性の観念が「誤って」我々に浮んでくる理由は、我々が一方では或る表現形式を使わないと決めておきながら他方その形式を使うように強く誘惑されるためである。というのは、(a)その表現形式はちゃんとした英語ドイツ語その他の言葉にきこえるし、(b)言語の他の部分でそれに酷似した表現形式が使われているため、「それを使いたくなるのである」。我々は、「それら「の色」が同じ場所にある」という句を使わないことを「規則として」決めた「従って、その否定その他も使わぬことを」。ところが、他の表現との類似性からこの表現形式がその採用を強く迫ってくるので、ある意味では力ずくでそれを表に出さねばならなくなる。それが「この句の否定で」何か或る全称的に偽である〔経験〕命題を否定しているのであるかのように感じられる理由である。互いに押しのけあっている二つの色、他人の経験にその振舞の観察以上は人を近づけない障壁、我々はこういった〔物理的不可能性の〕像を描く。しかしより精しくみれば、我々の描いたこの像は使えないのがよくわかる。

＊1フィートは12インチ。〔訳者〕

論理的と物理的不可能性の間でよろめいて、「私の感じるのが常にただ私の痛みであるとしたら、誰か他人に痛みがあるという想像は一体何を意味できるのか」というような言明がなされる。こういった場合にすることは、いつも問題の言葉が日常言語で実際にどう使われているかを見ることである。すべてこういった場合には、日常言語がそれらの語を使う用法とは違った用法がとられているのである。ところがこの用法は丁度その場合何かの理由で非常に適切なものに思える用法なのである。言葉の文法で何かおかしいと思われる場合、〔観察してみると〕我々が同じ一つの語を場合に応じて幾つかの違う仕方で使おうとしている「のがわかる」。だが形而上学者の或る主張が［実は］通常の文法に対する不満の表現であるのをみてとるのは、その主張の言葉でまた経験的事実を述べることもできる場合、とりわけ難しい。例えば、彼が「私の痛みだけが本当の痛みだ」と言うとすると、この文は彼以外の人間はみな痛むふりをしている、という［経験命題を］意味することもできるのである。また、「誰も見ていないときこの木は存在しない」とは、「その木に背を向けると、その木は消失する」という［経験的内容を］意味することもできる。しかし、「自分の痛みだけが本物だ」という人は［実は］他人が痛いと言うのはみな嘘だということを公共的［判定］基準――言葉に公共的な意味を与える基準――によって発見した、と言うつもりではない。その［公共的］基準に従ってこの表現を使うことこそ彼が承知できないことなのだ。つまり、この語が一般に使われている仕方で使うことに異議を立てているのである。ところが、彼は自分がそのように或る規約に反対しているのだという ことに気付いていない。彼には、通常の地図で使われている地域区分とは違う区分法が見えている。例えば、「デボンシャ」の名を現在設定されている境界での郡ではなく、それと違う区域に当てて使いたいように感じる。だから彼は、「ここで区切ってこれを一つの郡にするのはおかしいじゃないか」、と言えば言えたのである。しかし彼は、「本当のデボンシャはここである」と言うのだ。それには、「君が望んでいるのは単に或る新しい表示法なのだ。だが表示法を変えても地理学上の事実は何ら変らない」と答えられよう。しかし、一つの表示法にたまらなく惹きつけられたり反感をもったりすることがあるのは事実である。（我々は或る表示法なり或る表現形式が我々にいかに多くを意味しているかを忘れがちだ。そして、その変更がいつも、数学や自然科学の多くの場合のようにたやすいものでないことを。洋服や名詞を変えることが何でもないこともあれば大変なこともあるのである。）

　実在論者、観念論者、それに独我論者が議論する問題を明らかにするために、それに密接な関連のある問題を示したい。それは、「我々に、無意識的な考え、無意識的な感じ等のものがありうるか」という問題である。無意識的な考え《ソート》があるという見解は多くの人を怒らせた。だが相手は、自分に反対する人は誤って意識的な考えのみしかないと思っているが精神分析学が無意識的な考えを発見したのだと繰返す。無意識的思考《ソート》の反対者は、自分達は何もこの新しく発見された心理学的反応に反対しているのではなく、その反応をそう言い表わす表現の仕方に反対しているのだということに気付かなかった。一方精神分析家は、自身のその表現仕方に誤らされて、新しい心理学的反応を発見したにとどまらず或る意味で意識されない意識的思考を発見したと思いこんだのである。前者はその異議を、「我々は『無意識的思考』という言葉を使いたくない。『思考』という語は君が『意識的思考』と呼ぶものだけにとっておきたいのだ」、と言うことができたのである。それを、「ありうるのは意識的思考だけであって無意識的思考なるものはない」、と言うのはその言い分を間違って述べているのである。なぜなら、「無意識的思考」について語りたくないなら、意識的思考という句もまた使うべきではないからである。

しかし、とにかく意識的無意識的両方の思考を言う人はそれで「思考」という言葉を二通りに使っているのだ、といっていいだろうか。――金鎚で釘を打つときと、木くぎを穴にはめるとき金鎚は二通りの違う仕方で使われているのか。この木くぎをこの穴にはめるときと、も一つの木くぎをも一つの穴にはめるとき、二通りの違う仕方で使われているのか同じ仕方で使われているのか。それとも、何かを何かに入れるのに対して例えば何かを砕くときにのみ違う使用法と呼ぶべきだろうか。あるいは、これらの全部は同じ仕方で金鎚を使っているのであり、その金鎚を文鎮代りに使うときのみ違う使用法だと言うべきなのか。――一つの語はどういう場合に二通りの異なる仕方で使われ、どういう場合に同じ一つの仕方で使われると言うべきなのか。或る語が二通り（又はそれ以上）の違った仕方で使われると言うだけではその用法について何もわかったことにならない。ただ、その用法の叙述の形式として二つ（又はそれ以上）の下位区分のある図式を示して、その用法を眺める一つの見方を指定しただけである。「私はこの金鎚で二つのことをする。釘をこの板に打込むことと、あの板に打込むこと」、と言うのは間違いでない。しかしまた、「私はこの金鎚で一つのことをしている。釘をこの板に打込み、またあの板に打込んでいる」、と言ってもいいのだ。

或る語の使われ方が一通りであるか二通りであるかの論議には二種類のものがありうる。(a)二人の人が英語の「cleave」は物を割ることにのみ使われるのか、また物をくっつけることにも使うのかと争うこともあろう。これは実際に行われている用法についての事実的論議である。(b)また、ラテン語の「altus」は、「深い」と「高い」をともに意味するが、それをもって二通りの違う仕方で使われているのかどうかと論議することもあろう。この問題は、意識的および無意識的思考について語るとき、「思考」の語は二通りまたは一通りに使われているかの問題に類する。「もちろんそこには二つの異った用法がある」、と言う人は既に、〈二-用法〉図式をとることにきめているのであり、彼の言はその決定を表現したものである。

さて、独我論者が、彼自身の経験だけが本当のものだ、と言う時、「その君の声が我々［他人］にも聞えると信じていないならなぜ我々にそう言うのだ」、と応じても無益である。しかしそう答えたにせよ、それで彼の困難に答えたのだと思ってはならない。哲学的問題には常識に依る答はないのである。哲学者の攻撃から常識を守る道は彼らの困惑を解決してやることとしかない。つまり、常識を攻撃したい誘惑から彼等を癒してやることであって、常識の見解を繰返すことではない。哲学者は正気をなくした男ではない、誰もに見えることが見えない男ではない、また彼が常識と一致しないのは科学者が素人の粗雑な見解と一致しないのとは違う。というのは、哲学者が一致しないのはより精細な事実的知識に基づいてではない。だから彼の困惑の源を「ほかに」探し求めなければならないのである。そして見出したことは、困惑や精神的不満が生じるのは或る事実について知りたいのにそれがわからない、すべての経験に適合する自然法則が見つからない、といった時に限るのではなく、或る表示法が、恐らくそれが呼び起すさまざまな連想のためであろうか、我々を満足させないといった場合がある、ということである。日常言語はあらゆる可能な表示法のうちにあって我々の全生活に滲透している表示法であり、いわば我々の心を一箇所にしっかりとつなぎとめている。だが時に我々の心はその場所に拘束されていると感じ、他の場所にも同じくありたい欲求を抱くのである。こうした時に、或る差違を日常言語よりも強く強調しあからさまにするような表示法、あるいは「逆に」或る特定の場面では日常言語よりもずっと相似性の強い表現を使うような表示法がほしくなるのである。これらの欲求を満す表示法が示されれば、この心の拘束感は緩和される。だが欲求といっても実に様々な欲求があるのである。

独我論者と我々が呼ぶ人、そしてただ自分の経験のみが本当のものだと言う人、その人は何もそれで実際的な事実問題について我々と食い違いがあるわけではない。我々が痛みを訴える時、ただそのふりをしているだけだとは彼は言わないし、他の誰に劣らず気の毒に思ってくれる。しかし同時に彼は、「本当の」という、通り名を我々が彼の経験と呼ぶべきものにだけ限りそして多分更に我々の経験をどんな意味であれ「経験」とは呼びたくないのである（ここでもまた、我々と事実問題で食い違うことはない）。なぜなら、彼自身以外の経験が本当のものであるとは思考不可能なことだと、彼は言うだろうからである。それならば、「Aは歯が痛い」（Aは彼以外の人）というような句が無意味であるような表示法、チェスの規則が歩にナイトの動きをするのを禁じると同様その句を排除する規則をもった表示法を彼は使うべきである。独我論者の言いたいことからすれば、「（独我論者）スミスは歯が痛い」にかえて「本当の歯痛がする」というような句を使うことになる。そして、彼にこの表示法を使わせてわるいことはなかろう。言うまでもないが、この場合混乱を避けるために彼は「本当の」を「ふりをする」との対立で少しでも使わない方がいい、もし使うならば「本当の」―「ふりをする」の区別を改めて別途に作らねばならないことになる。「私だけが本当の痛みを感じる」「私だけが本当に見る（又は聞く）」、と言う独我論者は何も［事実についての］意見を述べているのではない。彼が自分の言うことにあれ程確信があるのもそのためである。彼はただ或る表現形式を使うようあらがい難く誘われたのである。しかしなお、なぜ彼は誘われたのかを見出さなければならない。「私だけが本当に見る」、という句は、「他人が何かに眼を向けている時本当は何が彼に見えているのか我々には決してわからない」、または「我々が『青』と呼ぶのと同じものを彼も『青』と呼んでいるのかどうかは決して知りえない」といった主張に表現されている考えと密接な関係がある。更に議論を進めて、「他人が見ているもの、いや第一彼が［何かを］見ているかどうか私は決して知りえない。私には彼が私に示すいろんな種類の表徴《サイン》があるだけだからである。それゆえ、彼が何かを見ているというのは全く無駄な仮説である。見るとはどんなことかを私はただ私自身が見ることから知っているだけである。『見る』という語をただ私が見ることを意味するものとして私は習ったのである」、と言えよう。もちろんこれが真実でないことははっきりしている。「見る」という語の用法として、今私が述べたものとは別な、またずっと複雑なものを私が習ったことは確かだからである。だが今私が述べたような［一面的で狭い］ことを言わしめた或る傾向［の考え方］を明らかにするために、やや異なる場面から例をとってみよう。次の議論を考察してみよう。「この紙は赤くないのに、それが赤ければとどうして願うことができるのか。その願いは全く存在せぬものを願うことではないか。［それは不可能］だから、その願望の中身はただ、その紙が赤いことに似た何かでしかありえない。それゆえ、何かが赤ければという願いを云々する時には『赤い』という語の代りに別の言葉を使うべきではないか。［事実］確かにこの願望の心像は、この紙が赤い場合の現実に較べて何かもっとぼんやりしたもの何かあいまいなものを示している。だから、『この紙が赤ければと願う』と言わないで、何か『薄赤をこの紙に願う』といったような言い方をすべきである。」しかしもし彼が普通の言い方で「薄赤をこの紙に願う」と言ったとすれば、彼の願いを叶えてやるためにはその紙を薄赤に塗ってやるだろう——だがこれは彼が願ったことではない。一方しかし、彼が常に「薄xをこの紙に願う」という句を、普通「この紙がxであればと願う」によって表現されることを意味して使うことを承知している限り、彼が推奨する表現形式を採用することに文句はない。彼の言は実は、自分の表示法を推薦しているのである。ただし、そもそも或る表示法を推薦すると言うことができる意味での推薦であるが。だが、彼は何も新しい真理を告げたのでもなく、また前に我々が述べたことが誤りであることを示したわけでもない。(ここに述べたことは当面の問題だけでなくまた否定の問題にもみられる。ヒントだけにとどめて言えばこうである。簡単に言って、一つの性質には二つの名、一つは何かがその性質をもっている場合の、も一つは何かがその性質を持っていないと言われる場合の、この二つの名があるような表示法も考えうる。そこでは「この紙は赤い《レッド》」の否定文は例えば「この紙はアコク《ロード》ない」といったものになる。このような表示法は、日常言語では満たされず、時に否定概念にかかわる哲学的困惑の発作のもととなる我々の欲求の或るものを実際に満足させるだろう。）

「彼が青い色が見えると（正直に）言うとき、彼が見ているものを私は知ることができない」、この言い方で表現される困難は次のような考えから生じる。「彼が見ているものを知る」とは、「彼も見ているものを見る」ということである、しかし二人が同じものを目の前にしている場合の意味ではなく、見られるものが例えば彼の頭の中または彼の中にある場合の意味で、同じものを見ることである。つまり、同じものが二人の眼前にあってもよいが、［問題はそれとは別で］彼の視野に現に見えている直接の対象がまた私の視野に現に見えている直接の対象になるように、私の頭を彼の頭の中につっこむ（同じことだが、私の心を彼の心の中につっこむ）ことができないのである。［この考え方で］「彼が見ているものを私は知ることができない」、とは実は「彼が眼を向けているものを私は知ることができない」ことを意味している。しかしその場合、「彼が眼を向けているもの」は［私にも見える椅子や机とは違って］かくされていて彼もそれを私に示すことはできないものなのである。それは彼の心の眼の前にあるものなのである。したがってこの謎をとり除くには、「私は彼に何が見えているのか知らない」「私は彼が何に眼を向けているのか知らない」、この二つの言明が日常言語で実際に使われているときの文法の相違を調べねばならない。

或る場合には、次の言い方が上の独我論を最もよく表現しているように思われる。すなわち、「何が見られようと（本当に見られようと）それを見るのは常に私である」。

この表現で気になるのは「常に私」という句である。常に誰なのだ。――というのは、奇妙なことに、「私がそれを言うとしても」「常にL・W［ウィトゲンシュタイン］」だとは言わないからだ。このことは人の同一性の［判定］基準の考察に導く。どういう状況のもとで、「この人は一時間前に会ったのと同じ人だ」、と言うのだろうか。「同じ人」という句、そして人名の現実の用法は、同一性の基準として使われる多くの特徴がまず大抵の場合に一致符合して現われることに基づいている。私は原則として私の外見によって認知される。私の体の外見が変るとしてもその変化はゆるやかで比較的僅かなものである。私の声、私特有の習慣、等もまたゆっくりと狭い範囲でしか変化しない。こういう事実によってのみ、我々は個人名を今現に使っている仕方で使うようになったのである。このことをはっきりみるには、或る仮空の事実の想定のもとではどんな別種の「幾何学」を使いたくなるかを考えればよい。例えば、どの人体も同じような外見をしているが、他方それぞれに異なった特徴の組がいわばその棲み家をこれらの人体の間で取り換える、と想像する。［つまり、同じ外見の人体の間で絶えず人格を交換しているのである。］特徴の組とは、例えば、甲高い声とにぶい動作を伴った穏かさとか、怒りっぽい気質、深い声、神経質な動作の組とか、そういったものでもよい。こういう場合にも、人体に名をつけることはできるが、食堂の椅子にそれぞれ名づけるのと同様、まあ多分その気にはなるまい。しかし一方、その特徴の組に名をつけるのが有用なときがあろうし、その場合その名の用法は現実の言語の人名の用法に大ざっぱには呼応するだろう。

も一つ想像してみよう。人間には普通誰にも二つの人格があるとする。そして、人の形と大きさ、それにその振舞の特性が周期的に全く一変する。［すなわち］一人の人間にはそういう二つの状態があり、その一方から他方へ突然移る、というのが当り前になっている。こういう社会では各人に二つの名を与え、そして多分その体の中の一対の人間といった言い方をするようになろう。だが、ジキル博士とハイド氏は二人の人間だったのか、ではなく単に変化する同一の人間だったのではないか。どちらでも好きなように言ってよい。二重人格の言い方を強いられてはいないのだ。

「人格」と言う語の用法には多くのものがあり、互に大なり小なり類似しており、そのどれも我々に採っていいような気をもたせる。人の同一性をその記憶で定義する場合にも同じ事情がある。或る人の記憶が偶数日にはそれまでの偶数日の生活だけを含んでいて奇数日におこったことは全く忘却しているとする。また、奇数日にはそれまでの奇数日におこったことだけを憶えていて、不連続の感なしに偶数日のことはすっとばされている。更に、好むならば、彼の外貌や性格も奇数日と偶数日で交替するとしてもよい。このとき、同じ体に二人の人が宿っていると言わねばならないのか。つまり、そう言うことが正しくそうではないと言うのは誤りなのか。あるいはその逆であるのか。どちらでもない。元来、「人」という語の日常的用法は日常的状況に適切な〔恒常的諸特性の〕合成用法《コンポジットユース》とでもいえるものである。今の場合のようにこの状況が変ったという想定の下では、「人」や「人格」の語の使い方もそれによってまた変るのである。これらの語を続けて使い、状況の変る以前の用法に似た使い方をしたい場合、多くの〔可能な〕用法の間に、というのは多くの異なった種類の類似性の間に選択の自由があるのである。「人格」という語にはこの場合、正統唯一の相続人はないとも言えよう。〔この種の考察が数理哲学では重要である。「証明」「式」その他の語の用法を考えてみ給え。また、「ここでやっていることをなぜ『哲学』と呼ぶべきなのか。なぜ過去にこの名で呼ばれてきたさまざまな作業の唯一正統の相続人とみなさるべきなのか」、という疑問を考えてみ給え。）

さて、「何が見られようとそれを見るのは常に私である」、というときどんな種類の人格同一性が意味されているかを自問してみよう。「私がそれを言うとすると」その場合の見るということすべてに私が持たせようとしている共通性は何であろうか。その答として、それは私の身体的外見ではないことを自認せざるをえない。何かを見ているとき、いつも私の体の一部が一緒に見えているわけではない。またそれが見えているものの中にあっても、その私の体がいつも同じように見えることが必要なのではない。事実それが同じでなくとも私は気にかけない。さらに、私の体のどんな性質、私の振舞の特徴、そして私の記憶についてさえ私は同様のことを感じる。——も少しよく考えてみると、私の言いたかったことは、「何かが見えている時は常に何物かが見えている」ということであったと気がつく。すなわち、見るという経験がなされている間中常にそこにあると私が言うものは、それがどんなものであれ「私」という特定のもの《エンティティ》ではなく、見るという経験そのものであったのである。この独我論的言明をしている人が、「私」と言いながら自分の眼を指差す場合を想像すれば、このことがはっきりするだろう。（その人は多分正確ならんとして、どの眼が、今「私」と言っている口、今自分の体を指差している手、に属するのかをはっきり述べようとしてそうしたのだろう。）しかし彼は一体何を指しているのか。物理的事物特有の同一性をもったこの個別的な眼を差しているのか。（この言い方を理解するには、物理的事物に対するとされている語の文法の特徴は、「同じこれこれ」とか「同一のこれこれ」という句の使われ方にあることを思いおこさねばならない。ここで「これこれ」は物理的事物を指す。）「しかし」上に述べたように、彼は特定の物理的事物を差すつもりは毛頭ないのである。「それなのに」彼がそれで何か意味のある言明をしたと思うのは、我々が「幾何学的眼」と「物理的眼」と呼ぶものの混同に対応した混同に原因がある。この二つの語の用法を示そう。人が「自分の眼を指せ」という命令を実行しようとする場合、彼はいろいろなやり方ができるしまた実際眼を指したというための「判定」基準としてさまざまに異ったものをとることができる。これら「互いに異なる」基準が通常の場合のように一致符合するならば、自分の眼に触わったことを証するのにそのどれをとってもいいし、いろいろ違った組合せを使ってもよい。だが一致しないときは、「私は私の眼に触わる」とか「私は自分の指を私の眼の方に動かす」

という句それぞれに異なる意味を区別せねばならない。例えば、眼を閉じていても、私の手を私の眼のところに上げる運動感覚的経験、と呼べる特定の運動感覚的経験が私の腕の中にある。また、指で眼に触れる目的を達したということを、眼に触わる特有の触覚によって認められるであろう。眼の前にガラス板を縛りつけて手の指で瞼を圧すことができないようにしてあったとしても、私の指は今眼の真ん前にきていると言わせる筋肉感覚の「判定」基準があるだろう。「ところで」視覚による基準については、採用できるものが二つある。まず、私の手が上ってきて眼の方に近づいてくるのを見るという日常的な経験がその一つである。この経験はもちろん二つのもの、例えば二本の指先が出合うのを見る経験とは違い「手がそれを見ている眼に近づいてくるのを見る経験である」。私の指が私の眼の方に動くことの今一つの基準として、鏡の中で私の指が私の眼に近づくのを見る経験を使うことができる。私の体の上の、「見る」と我々の言うことをする場所を、この後者の基準に従って私の指を私の眼の方へ動かすことで示しても、前者の基準では「眼ではなく」鼻先あるいは額の一点となる場所で見ることになる、いや更に体外の場所を指す、ということもありえぬことではない。もし人にこの後者の基準だけに従って彼の眼（又は両眼）を指してほしいときには、私はそれを「君の幾何学的眼（又は両眼）を指してほしい」という言い方で言うことにしたい。「幾何学的眼」の語の文法が「物理的眼」の語の文法に対する関係は、「木の視覚的感覚与件」という表現の文法が「物理的な木」という表現の文法に対する関係と同じである。［他の触覚等の基準から切り離された鏡像の基準が視覚的感覚与件の基準に相当するからである。その関係の両項の］「一方は他方とは別種類の対象である」と言うことは、いずれの関係にあってもすべてを混乱させる。感覚与件は物理的事物とは違う種類の対象だと言う人は、数は数字とは別種の対象だと言う人と全く同様、「種類」という語の文法を誤解しているからである。そう言う人は自分では「列車と駅と車輛とは種類の違う物だ」、といった発言をしているつもりだが、実は彼の言明は「列車と鉄道事故と鉄道規則とは種類の違う対象だ」と言うに類しているのである。

「何が見えようと見るのは常にこの私だ」と言いたくさせる見方に捕えられるとまた、「何かが見える場合常に見えているのはこれだ」と、「これ」と言いながら視野全体を抱えるような身振りをすることにもなる（但し、「これ」でもって、たまたま見えた個別的事物のあれこれを意味しない）。そして、「私の指しているのは視野そのもので視野の中の何かではない」と言うかもしれない。だがそうしてもただ、もとの表現の無意味さを暴露するだけである。

「これらの難点は、常に……だということからきているのだから」「常に」をお払い箱にしよう。それでも「私が独我論を代弁して」この独我論を、「私が見るもの（又は、今見るもの）だけが本当に見られるものである」、と言って表現できる。そしてまた、『私』という語でL・Wを意味してはいない。しかし、たまたまこの私が事実としてL・Wである場合には、他人がこの『私』をL・Wの意味にとってくれて結構だ」、と言いたい。だがその代りに、「私は生命の器だ」、と言っても同じなのだ。注意してほしい。つまり肝心なのは、私の言うことを聞く人がそれを理解できてはならないことなのである。他人には「私が本当に意味すること」がわかってはならぬことが肝心なのだ。もっとも実際にはこの私の要求に応えて彼の表示法の中で「私の言うことの本当の意味は了解不能であることを示すように」私を例外的に扱ってくれることはできる。これでわかるように、上の私の表現は、様々な場合に哲学者が使う、それを言う当人には何か意味を持つと思われているが他人には何も伝達できないのがその本質であるような、数多い表現の一つなのである。だがもし、表現が或る意味を伝達するとは、その表現が「それを聞く人に」或る経験をもたらしたり、呼び起したりすることであるとするなら、上の「独我論の」表現はあらゆる種類の意味を持っているかもしれない。だがそれについては触れるつもりはない。しかし事実として、この表現は形而上学的でない表現と同じ意味で意味を持っていると誤って思いこまれている。その原因は、他人が或る情報を欠いているために我々の言うことがわからない場合の表現に、誤ってこの表現を擬していることである。(この最後の附言の意味は、文法と有意味無意味とのつながりを理解して始めて明瞭になる。)

或る句が我々に対して持つ意味は、我々がその句を使う用法によって規定される。意味とは表現の心的附随物ではないのである。したがって、哲学的議論の中で或る表現を使うのを正当化しようとして、「それで私は何かを意味していると考える」とか、「それで私が何かを意味していることは確かだ」という句を頻々と聞くが、それは我我にとっては何の正当化でもない。だから我々は、「君は「何かではなく」何を意味しているのか」と、すなわち、「この表現を君はどう使うのか」と尋ねるのだ。人あって私に「ベンチ」の語を教えて、自分は時にまたは常に「ベンチ」のように棒をつけるがそれは自分に何かを意味しているのだと言ったとする。私は言う、「その棒でどんなことを君が連想するのかそれは私にはわからない。しかし、君が『ベンチ』という語を使う記号系の中でその棒を使うのが何をすることなのかを示してくれない限り私はそれに興味はない」、と。――チェスをやるとき或る人が白のキングに紙の冠りをかぶせる。それでその駒の動きに変りはないのだが、私に言うには、その冠りはそのゲームで規則に表現できない或る意味を彼にもっているのだ、と。私は答える、「それで駒の動きが変るのでない限り、私はそれを意味とは呼ばない」。

時に聞くことだが、「これはここだ」といった句は、そう言いながら自分の視野の一部を指すときには、他人に情報を与えることはできないが私自身には一種の原初的な意味を持っていると言われる。「見えているのはこれだけだ」、と言うとき、一つの文が日常言語の記号系の中では何の用法がなくてもまことに自然に胸に浮んでくることもあるのだということを忘れている。同一法則「$a=a$」のことを考えてほしい。そして、いかに努力してその意味を把え、視覚化しようとするか、木を見つめて「この木はこの木と同じである」というようなことを何度も自分に繰返し言いきかせる、このことを考えてほしい。この文に一見意味を与えている身振りやイメージは、「これだけが本当に見えているものだ」、という場合のそれに非常に似ているのだ。(哲学的問題の洞察には、形而上学的発言をしたくなるそれぞれの状況での一見些事に思える細部に注目することが有益である。例えば、動きのない周囲のものを見つめているときに「これだけが本当に見えているものだ」と言いたくなるかもしれないが、歩きながら囲りを見廻わしているようなときには多分一向にそう言いたくはなるまい。)

上述のように、或る人が常であれ一時的にであれ例外的な位置を占める表示法を採用するのに異議はない。したがって、私が「私だけが本当に見る」と発言する場合、私の仲間は「L・Wがしかじかのものを見る」の代りに、「しかじかのものが本当に見える」と言い換える等して彼等の表示法を私に合わせてくれることもできる。しかし、間違っているのは、この「私の」表示法の選択を正当化できると考えることである。私が心底から私だけが見るのだと言ったとき、私はまたこう言っても同じであった。本当は「私」という語でL・Wを意味したのではない。ただ仲間の人々の便宜のために、私の本当に意味することでないのだが、「この場合、本当に見ている人間とはL・Wである」と言ってもよい、と。更に、「私」とは今L・Wに宿り他人には見ることのできない或るもののことであるとさえ言えば言えたのである。(私のいうのは私の心のことであるが、私の体を介しなければそれを指すことができない。）だがその表示法の中で例外的な位置を自分に与えてくれるよう他人に求めるのは一向に構わないが、私が申し立てたいその要求の正当化理由、この「それ自身は生きていない」体は本当に生きている何ものかの座であるということは——無意味である。それは言うまでもなく、普通の意味での経験的なことがらを何ら述べてはいないからである。（いやそれは経験命題であって、私だけがその特定の経験ができる立場にあるがため私にだけしかわからないのだ、と考えないでほしい。）真の私は私の体の中に住んでいるというこの考えは、「私」という語の特異な文法ならびに、この文法がひき起しがちな誤解に結びついている。「私」（又は「私の」）という語の用法には二つの違ったものがあり、「客観としての用法」「主観としての用法」、とでもよべるものがある。第一の種類の用法の例としては、「私の腕は折れている」「私は六インチ伸びた」「私は額にこぶがある」「風が私の髪を吹き散らす」、等。第二の種類の例は、「私はこれこれを見る」「私はこれこれを聞く」「私は私の腕を上げようとする」「雨がくると私は思う」「私は歯が痛い」、等。次のように言うことで、この二つのカテゴリー間の相違を示すこともできる。第一のカテゴリーの場合は特定の人間の認知が入っており、したがって誤りの可能性がある、というよりむしろ、誤りの可能性が用意されていると私は言いたい。ピンゲーム*には得点しそこなう可能性が用意されている。しかしもし私が料金の入口に銅貨を入れたのに球がでてこないのはゲームの運びのうちには入らない。例えば、事故で、私は自分の腕に痛みを感じ、折れた腕がすぐ側に見え、それは自分の腕だと思ったが実は隣りにいる人の腕であったということはありうる。また鏡にうつった彼の額のこぶを見て私のだと思い違えることもありうる。それに対して、私は歯が痛いと言う時には人間の認知は問題にならない。「痛みを感じているのは君だってことは確かか」、と尋ねることは馬鹿げている。なぜなら、誤りが不可能なこの場合、誤り、つまり「悪い差し手」とあるいは考えられるかもしれない差し手は実はもともとこのゲームの差し手などではないからだ。（チェスで我々はいい手と悪い手を区別し、クィーンをビショップの当りにさらせば間違いと言う。だが歩をキングに成り駒させるのは「チェスそのものを不可能にする規則違反であって差し手としての」間違いではない。こういう仕方で「私」という観念を見てくるとおのずとわかることだが、「私は歯が痛い」という言明をするとき誰かを私と間違えることが不可能なのは、誰かを私と間違えてその痛みにうめくのが不可能なのと同じである。「私は痛い」と言うことは、うめきと同様、或る特定の人間についての言明ではない。「だが或る人が口にする『私』という語はたしかにそれを言っている人を意味する。彼自身を指している。それを言う人が実際指で自分を指すことも非常に屢々だ。」しかし自分を指すのは全く余計なことである。ただ手を挙げるだけでもよかっただろう。誰かが手で太陽を指すとき、指している人間が彼だから彼は太陽と自分自身の両方を指しているのだと言うのは誤りである。しかしそう指すことで、人の注意を太陽と自分にひくことはあろう。

＊コリントゲームのようなもの。但し球は自動販売機のように金を入れるとでてくる。そしてパチンコのようにレバーではじく。――小池銈次氏による。〔訳者〕

「私」という語は、たとえ私がL・Wであったにせよ、「L・W」と同じことを意味しないし、「今話している人」という表現と同じことを意味するものでもない。しかしそれは、「L・W」と「私」は別々のことを意味する、ということではない。ただ、この二つの語は我々の言語において異なった「働きをする」道具だ、ということだけである。

語を、その用途によって特性づけられる道具として考えてみ給え。そして、金鎚の用途、のみの用途、定規の用途、膠つぼの、そして膠の用途を考えてみ給え。（ここでもまた今言っていることが理解できるのは、我々の言語の文によっていかに多様なゲームがなされているかを理解している場合だけである。命令を与え命令に従う、問を尋ねそれに答える、出来事を描写する、仮空の話をする、冗談を言う、直接の経験を描写する、物理的世界の出来事について推量する、科学的仮説や理論をたてる、誰かに挨拶する、等々。）発言したいのは私です、歯が痛いのは私です、ということを示すために、「私」という声を出す口も挙げられた手も、その際何かを指しているのではない。それと違って、私の痛みの場所を示したいときには私は指す。ここでもまた、眼に頼らずに痛む個所を指すことと、体の傷跡（予防注射をされた場所である）を眼で探し求めてから指すこととの相違を忘れてはならない。――痛みに叫び声をあげる人、あるいは自分に痛みがあると言う人は「他人の口を借りてそう叫びそう言うことは不可能なのだから」そう言い「そう叫ぶ」口を選びはしない。

すべては結局、「痛いのは彼だ」と言われるその彼はゲームの規則によって、叫んだり顔を歪めたり等をしている男に他ならない、ということに落ちつく。痛みの場所は――前に説明したように――他人の体にある場合もありうる［にせよ、である］。

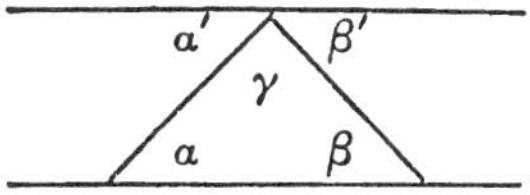

「それと違い」「私」と言いながら自分の体を指す場合には、「私」という語の用法を「この人」とか「彼」とかの、指示の用法に模しているのである。（二つの表現を同型にするこの仕方は、数学で時にとられるやり口にいくらか似ている。例えば、三角形の内角の和が一八〇度であることの証明の中で、「$\alpha=\alpha'$, $\beta=\beta'$, そして、$\gamma=\gamma$」と言う。初めの二つの合同性は第三のものとは全く種類を異にする「が、同じ等号が使用されている。」）「しかし」「私は痛い」の中では、「私」は指示代名詞ではないのである。

次の二つの場合を較べてみ給え。1、「彼が痛みを感じていることが君にどうしてわかるのか」――「彼のうめくのを聞くからだ」。2、「君が痛いのを君はどうしてわかるのか」――「私はそれを感じるからだ」。だが、「私はそれを感じる」とは「私は痛い」と同じ意味である。だから、それは全く説明にはなっていない。しかし、その答の中で、「私」という語よりも「感じる」の語に強調点をおくのが普通であることは、その「私」によって一人の人間を（あれこれの人々の中から）選びだそうとしているのではないことを示している。

命題、「私は痛い」と「彼が痛い」の違いは、「L・Wが痛い」と「スミスが痛い」との違いではない。むしろ、うめくことと誰かがうめいていると言うこととの違いに対応するものだ。――「しかし『私は痛い』の中の『私』の役は明らかに私を他の人達から区別することだ。私が痛いと言うことと他人の一人が痛いと言うことを区別するものは、その『私』という記号だからである」、と言われよう。「その部屋には誰《ノーボディ》もいなかった」の代りに、「その部屋には、無人《ノーボディ》氏がいた」と言う言語を想像してほしい。そのような規約から生じうる哲学的問題を想像してほしい。この言語で育ってきた哲学者の中には、恐らく「無人氏」と「スミス氏」という表現の間の類似性が気にくわぬと感じる人もいよう。「その感じから」我々が、「私は痛い」の中の「私」をやめてしまいたく感じるとするならば、それは、我々が痛みの言語的表現を「うめきのような」表出に類したものにしたいのだ、とも言えよう。――「だが、この「私」は何も指示しないがだからといって無意味なのではない。」我々は、語に意味を与えるのはただその語の特定の用法であることを忘れがちである。ずっと前にあげた、語の用法の例のことを考えよう。或る人が、「五つのリンゴ」という語が書かれている紙切れをもって食料品屋に使いにやられる。その紙片の語の意味は、実際の場面でのその語の使い方である。通常、我々のまわりの事物には語で記された名札がついていて、我々の会話ではそれによって事物を指示するものと想像してほしい。その語には事物の固有名詞もあり、(机、椅子等の)一般名詞もあり、また色の名や形の名等々もあるとする。[こういう状況では]名札が意味を持つのはそれが特定の使われ方をする場合だけである。[それなのに]事物の名札を見るだけでそれに感銘して、その名札が大切になるのはそれを使うがためだということを忘れてしまう、ということは想像に難くはない。そうなると、指差しの動作をして「これは……である」(直示定義の定式)といった言葉を出せば何かを命名したと思いこむ、ということもおきる。[それと同じように]或る状況のもとで、自分の頬を指差して「これは歯痛である」と言えば、何ものかに「歯痛」の呼称を与えたのであり、その語はそれで、言語を使って行なわれる諸事万端の中での特定の機能を果すことができる、と考えてしまうのである。(その考えでは、私が何かを指し他の人はただ「何を指したのかがわかった」だけでその語の用法を知ったことになる、というのである。そしてその一つの場合として、「指されたもの」が人であり、「指されたものがわかる」のがそこにいる人の誰が指されたのかがわかることである場合が念頭にされている。)

結局、「私」が主観として使われる場合には、或る特定の人間をその身体的特徴で認知し〔「私」が指すのはその人間である、という仕方で〕使われているのではない、と我々は感じる。〔すると今度は〕この感じが、この語は我々の体に座をもつがそれ自身は肉体のない何物かを指すために使われるという幻想を生んでしまう。更に、このものこそ真の自我、「我思う故に我あり」と言われた自我であるように思われてくる。——「それなら、心はなくてただ体だけあるのか」、と反問されよう。答、「心」という語には意味がある、すなわち、我々の言語の中で或る用法をもっている。だがこう言ってもまだどんな用法でそれを使うのかを言ったことにはならないが。

これまでの探究で我々が問題にしてきたのは、見る、聞く、感じる、等「心の働き」と呼ばれるものを述べる語の文法であった、と事実言えるだろう。それは、我々の問題とするものは「感覚与件を述べる語句」の文法である、と言うことと結局は同じになる。

哲学者は、哲学的意見ないしは確信として、感覚与件は存在すると言う。だが、感覚与件が存在することを信じると言うことは、結局のところ、或る事物が存在しない場合にも我々の眼には在るように見えることがあることを信じる、と言うことである。

「感覚与件」という語を使うときには、その文法の特異性を明瞭に把握していなければならない。この表現を導入した目的は、「見え《アピアランス》」についての表現を「現実」についての表現に模することであった。例えば、二つの物が同じに見えるならば、同じで、ある二つの何か「すなわち感覚与件」がなくてはならぬ、と言われた。もちろんこの意味は他でもない、「これら二つのものの見え《アピアランス》は同じである」といった表現を、「これら二つのものは同じに見える《シーム》」、と同義として使うことに決めた、ということである。奇妙なことだが、この「単なる」新しい語法の導入にまどわされて人は、「感覚与件が存在する」と信じると言うことが何か「物質は電子からできていると信じる」と言うのと同じとでもいうように、新しい対象、世界の新しい構成要素を発見したと思いこんだのである。また、見え、あるいは感覚与件の等しさを云々する場合には、「等しい」という語の新しい用法を導入しているのである。長さAとBが我々に等しく見え、更に長さBとCとが等しく見えるが、AとCとは等しくは見えない、ということはありうる。新しい語法でこれを言うには、Aの見え（感覚与件）とBの見えとは等しく、Bの見えはCのそれに等しいがAの見えとCの見えとは等しくない、とせねばならぬ。これは君が「等しい」を非遷移的に使うのを気にしないなら、別にわるいことではないが。

感覚与件語法を採用したときに我々が落ちこむ危険は、感覚与件についての言明のもつ文法と、物理的事物についての外見上同じ形の言明の文法との違いを忘れてしまうことである。(この点から、「厳密に円である円を決して見ることはできない」「感覚与件はすべて曖昧である」、といった表現に見出される誤解について話を進めてゆくこともできる。また、この誤解から、ユークリッド空間と我々の視覚空間それぞれの「位置」「運動」「大きさ」の文法の同一視が生じる。例えば、視覚空間にも絶対的な位置、絶対的な運動と大きさがある、といったような。)

さて、我々は「或る人体の見えを指す」とか「或る視覚的感覚与件を指す」といった表現を使うことはできる。大まかにいえば、その種の指し示しは照準、例えば銃身に沿って照準をつけるのと同じである。例えば或る方向を指差して、「鏡の中に私の姿が見えるのはこの方向だ」と言う。また、「私の指の見えまたは感覚与件があの木の感覚与件を指している」とかそれに類する表現を使うこともできる。しかし、こういう指し示しを、音がそちらからくるように思える方向を指すとか、眼を閉じて私の額を指すとかの場合とは区別しなければならない。

ところで私が独我論の言い廻しで「これが本当に見えているものだ」と言って前方を指差す。ここで肝心なのは、視覚にのみ頼って指差すことである。もし私が横の方や私の後を——私に見えない物を指しているかの如く——指すならば、その指し示しはこの場合私には無意味なしぐさであって私が指そうと思った意味での指し示しではない。しかしまさにそのことによって、私が「これが本当に見えているものだ」と言いながら前方を指差しても、指差しのしぐさだけであって、［側方や背後を含んだ全周囲にある物のうちの］一つの物を他の物と区別して指し示しているのではない。車で旅行していて急がねばと焦りを感じるとき、私は本能的に自分の前にあるものを押している。車を内側から押し進めることができるかのように。これと似たものである。

私が見ているものを指しながら「私はこれを見ている」とか「これが見えている」と言うことがもし意味をなすならば、私が見ていないものを指しながら「私はこれを見ている」とか「これが見えている」と言うこともまた意味をなすはずである。［ところが］私が独我論的言明をしたとき指差しはしたが、指すもの［すなわち、見えている感覚与件の方向への指差し］と、それで指されるもの［すなわち、その感覚与件］とを切り離せないように結びつけてしまい、そのため指差しから意味を奪い去ることになったのである。［いわば］歯車その他で時計を組立てたが最後に文字盤をその針に固定して針と一緒に廻るようにしてしまったのである。こういうようにして、独我論者の「これのみが本当に見られるものである」は或るトートロジーを思わせるのである。

　その擬似命題を言いたくなる理由の一つはもちろん、その命題が「私が見ているのはこれだけだ」とか「これが私が見ている部分だ」という［正常な］命題に類似しているからである。これらの命題の場合には、私は周囲の事物の中で或る物を他の物から区別して指すのであり、あるいは、物理的空間（視覚空間ではない）の中で或る一つの方向を物理的空間の他の方向から区別して指すのである。もしこの意味で何かを私が指しながら「これが本当に見えているものだ」と言うとすれば、こう返答することは誤りでない、「よろしい、これが君Ｌ・Ｗが見ているものだ。だが『Ｌ・Ｗが見ているもの』と普通に呼ばれるものを『本当に見られているもの』と呼びかえる表記法を採るのに異議はない」、と。しかしもし、私の文法では「それと区別さるべき」隣人を有しない何ものかを指すことで、何事かを（他人にではなくとも少なくとも）私自身に伝達できると私が信じているのであれば、次の場合の誤りに類する誤りを犯している。その誤りとは、「私はここだ」という文が、例えばその声と声のくる方角から私の所在を人に伝えるという意味のある非常に特殊な場合以外の状況でも私には意味をもっている（その上、恒に真である）と考えることである。今一つ、語が意味を持つのは我々がそれを使う具体的な仕方によってである、ということを学ぶに大変よい場面。――チェス駒またはチェッカーの駒に多少似た形の木片がチェスの盤の上に立てられていると、それらをどう使うのか何も言われぬさきから何かのゲームだと思ってしまう人に似たところが我々にはある。

「それが私に近づいてくる」と言うことは物理的に言えば何も私の体に接近していないときでも意味を持っている。同じように、何も私の体にとどいたものがなくても「それはここだ」とか「それが私にとどいた」と言うことには意味がある［（嘘もつけるし、幻覚の場合には真となる）］。一方、「私はここだ」は、私の声だと認知され、公共の空間の特定の場所からくるのが聞かれるときは意味をなす。前の「これはここだ」の文の中の「ここ」は視覚空間の中のここであった。簡単に言えば、それは幾何学的眼である。［だが］「私はここだ」という文が意味をなすには、［視覚空間ではなく］公共の空間の中の或る場所に注意を惹かねばならない。（そしてそのようにしてこの文を使う仕方は幾通りかありえよう。)「私はここだ」と自分自身に言うことも意味をなすと思っている哲学者は、「ここ」が公共の空間の場所を意味する文から言葉上の表現を借りておいて、今度はその「ここ」を「プライベートな」視覚空間の中のここに解しているのである。だから、彼が実際に言っていることは、「ここはここだ」という類のことである。

ところで、独我論をまた別の形で表現しようと試みてみよう。私と他の何人かで各人が見るものを絵に描くなりその描写を書くなりすると想像する。これらの描写が私の前に置かれる。私は私がやったものを指して、「これだけが本当に見える(又は、見えた)ものだ」と言う。つまり「この描写だけがその背後に現実(視覚与件的現実)を持っている」、と言いたいのである。他のものを——「空白の描写」とでも私は呼ぶだろう。私はまた、「この描写だけが現実から引き出されたのだ。これだけが現実と照合された」、と言ってもよい。さて、この絵またはこの描写は例えばこれこれの物の集り——私が眺める木立、の投影である、あるいは、それはこれらの物から引き出された、と言う場合には明瞭な意味がある。しかし、「この描写は私の感覚与件から引き出された」、といった言い方の文法はよく調べてみねばならない。ここで言っていることは、「他の人が『茶色』で本当には何を意味しているのか、あるいは、彼が自分は茶色を見ていると（嘘でなく）言うときも本当に彼は何かを見ているのかどうか、私には決して知ることができない」、と言いたい奇妙な誘惑と関連している。――そう言う人には、「茶色」という一語の代りに二つの語を使い、その一つを彼の特定の感覚印象に、もう一つの方は彼以外の人にも理解できる意味をもたせて使うよう求めることができる。彼がこの要求を熟考するならば、「茶色」その他の語の意味と機能についての彼の考えにはどこかおかしい所があることに気付くだろう。彼は、彼の描写「だけが唯一真実のものだという」正当化を、それがありもしないところに探し求めているのだ。（理由の連鎖はどこまでも切りなく遡ぼれると信じている人「が理由のない所に理由を探す」場合と全く同様に。数学的演算を或る一般公式によって正当化する場合のことを考えてみたまえ。そして次のような疑問が浮んだと考えてみたまえ。この特定の演算を今この一般公式に従ってやっているがこうしなければならぬという理由があるのだろうか？）「私が或る描写を視覚予見的現実から引き出す」、と言うことはいささかも、「ここで私に見えるものから描写を引き出す」、に似たことを意味できない。例えば、或る色の四角形が「茶色」と言う言葉に対応している色表を見、他の場所で同じ色の切れを見るとする。そして、「この切れの色を言うのには『茶色』の語を使わなければいけないことをこの色表が私に示している」、と私は言う。これが、私の描写に必要な語を引き出す一つの仕方である。しかし、「茶色」の語を[その時]私が受ける特定の色感覚から引き出すと言うことは無意味であろう。

「人間の体が痛みを感じることはできるか」、と問うてみよう。「体がどうして痛みを感じえよう。体それ自体は何か死んでいるものだ。体に意識はない」、と人は言いたくなる。またしても、痛みの本性を洞察し、物質的事物の本性からして痛むことはできないことがわかったかのように。また、痛みを感じるものは物質的事物とは違った性質のものでなければならぬ。事実、それは心的性格のものでなければならぬことがわかったとでもいうように。しかし、自我《エゴ》が心的であるということは、数字の「3」が何かの物理的事物の記号でないことに気付いて、だから数3は心的、または非物質的性質のものであると言うようなものである。

一方、「この体が痛みを感じる」という表現を全く問題なしに採用することができる。そうして、いつもそうしている通り、その体に医者に行け、横になれ、更に、この前の時はその痛みは一日しか続かなかったことを思い出せ、とさえ言うだろう。

「しかし、この表現は少なくとも間接的な「言い廻し」ではないのか」、と尋ねられよう。――だが、「この式のxに3を代入せよ」、と言う代りに、「『x』の代りに『3』を書け」、と言うのが間接的表現を使うことであろうか。(または反対に、或る哲学者の考えのようにこの二つの表現で後の方だけが直接的なのだろうか。)一つの表現が他の表現よりも直接的だということはない。表現の意味はその表現を我々がどう使ってゆくかに全くかかっている。意味を、心が事物と語との間に設定する神秘的な結合のように思わないようにしよう。また、樹木の種《たね》がその木を中に含んでいると言えば言えるように、この結合が一つの語の使用全部を含んでいるいると思わないようにしよう。痛みを感じ、または見、または考えるものは心的性格のものである、というこの命題の核心はただ、「私は痛みを感じる」の中の「私」は或る特定の体を指示してはいない、ということだけである。「私」に体の或る記述を代入することはできないからである。

解説　『青色本』の使い方

野矢 茂樹

青い表紙のノート

『青色本』は、ウィトゲンシュタインの哲学的格闘の生々しい記録であり、それ以外のなにものでもない。しかし同時に、私は、この本にウィトゲンシュタインの教師としての眼差しを強く感じる。目の前で実戦を繰り広げながら、ウィトゲンシュタインは、学生たちに哲学のやり方を教えようとしている。

『青色本』はケンブリッジにおける講義の記録である。一九三三年から一九三四年にかけての学期において、ウィトゲンシュタインの講義に三、四十人の学生が集まり、彼は数週間後、その状態で講義を続けることを断念した。そして、選ばれた数名の学生に口述し、そのノートを他の学生たちに渡すというやり方をとることにした。その謄写版によるコピーには青い表紙がつけられ、『青色本』と呼ばれるようになった。
その謄写版コピーが、本書である。

『青色本』の時期

「後期ウィトゲンシュタイン」と呼ばれる時期の成熟した姿は、一九三六年から一九四五年にかけて執筆された『哲学探究』に見られるが、『青色本』はまさにその後期ウィトゲンシュタインへの一歩を踏み出したものとみなされる。一応ウィトゲンシュタイン哲学の時期区分を確認しておこう。まず、『論理哲学論考』の時期が「前期」と呼ばれる。そして、『論理哲学論考』を執筆したウィトゲンシュタインは、「語りえぬものについては沈黙せねばならない」という『論理哲学論考』の言葉を実践するかのように哲学を離れた。やがて、ケンブリッジで哲学を再開するが、そこからが「中期」と呼ばれる。前期から中期への変化は、間に哲学の中断が挟まれていることもあり、不連続なものとして現われる。彼は、自分自身の『論理哲学論考』を批判し、新たな哲学を模索するのである。他方、中期から後期への変化は連続的な推移として現われる。これといったターニングポイントがあるわけでもなく、残された草稿や講義の記録からしだいに変化していくウィトゲンシュタインの思考がうかがわれる。

そうした変化の筋道として、最も大きなものは言語に対する見方である。前期、すなわち『論理哲学論考』において、ウィトゲンシュタインは基本的に言葉の意味を世界との関係から捉えるという「意味論的発想」のもとにいた。それに対して、中期においては、言語を規則に従った記号操作として捉えるようになった。例えばチェスがチェスの規則に従って駒を動かすことから成るように、言語も言語規則ないし文法（ウィトゲンシュタインは言語規則をしばしば「文法」と呼ぶ）に従って記号を使用する活動だというのである。いわば、前期には言語を世界を写しとる絵画、あるいは街の様子を再現したミニチュア模型とのアナロジーで捉えていたのだが、中期には言語をチェスのような明確な規則をもったゲームとのアナロジーで捉えるようになったのである。

言語をゲームとのアナロジーで捉えるという発想は、「言語ゲーム」という後期ウィトゲンシュタイン独特の概念へと展開していくことになる。だが、言語ゲームという概念とともに、言語をチェスのようなタイプのゲームとのアナロジーで捉えるという中期の発想は影をひそめていく。ゲームと呼びうるものはチェスのような明確な規則をもったものだけではない。例えばキャッチボールのように、「取りやすい球を投げる」というゆるやかな暗黙の規則だけのゲームもある。また、ときに子どもたちのゲームなどは遊びながら規則を変えることもあるだろう。それゆえ、後期ウィトゲンシュタインが「言語ゲーム」と言うとき、中期のゲーム・アナロジーとは異なり、それは必ずしも一定の明確な規則に従った記号操作を意味してはいない。むしろ、言語ゲームということで、言葉を用いてわれわれが実際に行なう活動という側面が強調される。

『青色本』において言語ゲームが導入される場面を見てみよう。ウィトゲンシュタインは、発話によるやりとりを避け、あえて「リンゴ六つ」と書かれた紙片を用いる。この紙片を八百屋に渡す。すると、八百屋はそれを棚に貼られたラベルと見比べ、「一、二、三、四、五、六」と口に出して唱えながら、そのたびにその紙片の「リンゴ」という文字と一致したラベルの棚にある果物を袋に入れていく。このエピソードで注意すべきは、可能なかぎり「言葉の意味」と呼びたくなるようなものがそぎ落とされているという点である。買い物客と八百屋は、紙片やラベルを用いて六個のリンゴのやりとりを行なう。言語ゲームとは、サッカーがボールを用いて行なうゲームであるように、まさにある種の記号を用いて行なわれる活動にほかならない。

　ここに用意された転回点をより正確に見てとろう。先に、『論理哲学論考』は意味論的発想のもとにいたと述べた。言葉は世界との関係で意味を与えられる。つまり、「リンゴ」という語の意味は、リンゴという対象との関係で意味を与えられるのである。買い物や食事は、そうしてすでに意味を与えられた言葉を用いて為される活動であり、買い物や食事といったわれわれの活動が言葉に意味を与えるわけではない。中期ウィトゲンシュタインは意味論的発想から脱け出してはいるが、その点に関しては前期と同じところにいる。中期において言語規則や文法として捉えられていたものは、あくまでも言語体系内部の構造に関わるものと考えられている。「リンゴ」の意味は、その言語体系においてその語が他のどのような語と組み合わされうるか、あるいはその語を用いた文から他のどのような文が導かれるかといった言語規則（文法）によって捉えられる。つまり、買い物や食事といったわれわれの活動は、そのようにしてすでに意味を与えられた言語を用いて為されるのである。

　他方、後期ウィトゲンシュタインの考え方はそうではない。言語は買い物や食事といったわれわれの活動によって意味を与えられる。「リンゴ」という語は買い物や食事に先立って意味を与えられるのではなく、先に示した単純な言語ゲームが示唆するように、「リンゴ」という語を用いた買い物や食事といったわれわれの活動こそが、「リンゴ」という語に意味を与える。より正確に言えば、言葉を用いたわれわれの活動・実践においてその言葉がどう使われるか、それが「言葉の意味」と呼ばれるものの実質なのである。中期の考え方に立つならば、言語規則が提示されることによって言語ゲームが可能になるということになるだろう。だが、後期の考え方ではそれが逆転される。言語規則はただ提示されただけでは意味をもたない。規則は、どのような言語ゲームが実際に営まれるかによって、初めて実質を与えられるのである。『哲学探究』の要を成すと言うべきいわゆる「規則のパラドクス」の議論もまた、このような観点から展開されることになる。

後期ウィトゲンシュタインの考察を瞥見するのはこのくらいとして、われわれとしては『青色本』の位置の確認に戻ることにしよう。『青色本』では、言語ゲームという道具立ても導入され、また中期のような明確な規則に従った記号操作という言語観も払拭されている。その意味で、明らかに『青色本』に展開される考察は中期ではなく後期の思考に属している。だが、言語ゲームという道具立てが十分に使いこなされているわけではなく（ウィトゲンシュタインはそれを『茶色本』で試み、そして失敗した）、規則のパラドクスへとつながる考察もまだその途上にある。さらに言えば、どことなく中期の残り香がそここに漂っているようにも感じられる。しかし、それだけになおいっそう、ウィトゲンシュタイン自身の哲学的葛藤がここには色濃くにじみ出ている。

では、『青色本』の中身に立ち入って、多少の道案内を試みてみよう。

治療としての哲学

まず、ウィトゲンシュタインの哲学観について押さえておかねばならない。彼は、『青色本』にかぎらず前期から晩年まで、一貫して哲学を治療として捉えていた。つまり、哲学をなんらかの理論・学説を構築するものとして捉えるのではなく、湧き上がってくる哲学的困惑を解消し、鎮静させることが哲学の仕事と考えていたのである。そうだとすると、ウィトゲンシュタインのテクストから理論的主張を読みとることはまちがいだということになる。

例えば、『青色本』には次のようなきわめて印象的な言葉がある。「記号の生命であるものを名指せと言われれば、それは記号の使用であると言うべきであろう。」（一六ページ）そしてここからわれわれは「意味の使用説」と呼ばれる言語哲学上の主張を読みとるのである。意味の使用説に従えば、言葉の意味を指示や真偽といった言語と世界の関係という意味論的観点から捉えるのではなく、むしろその言葉の使い方として捉えるべきだということになる。「リンゴ」という語の意味は、われわれがその語をどう使うかということにほかならない。

なるほど、ウィトゲンシュタインは確かにそのようなことを述べてはいる。だが、「意味」とは何かという問いに対して、ウィトゲンシュタインならばおそらく「「意味」という語の使用を見よ」と言うに違いない。われわれは例えば「リンゴ」のような語が実際に用いられている場面をつぶさに見ることによって、そこで働いている「意味」なる何ものかの正体をつきとめようとするだろう。だが、それはあまりうまいやり方ではない。「意味」とは何かという問いに答えようと思ったならば、むしろ「意味」という語が使われる場面を見なければいけない。では、われわれが「意味」について語るのはどういうときか。ふつうにリンゴを買ったり食べたりしているときには、われわれはただ「リンゴ」という語を用いてリンゴについて語り、けっして

「リンゴ」の意味について語りはしない。われわれが言葉の意味について語る典型的な場面は、その意味を人に説明するときである。だからこそ、『青色本』は次のようにして始まる。「語の意味とは何か。／この問題に迫るためにまず、語の意味の説明とは何であるか、語の説明とはどのようなものかを問うてみよう。」（七ページ）

ウィトゲンシュタインはここで、「xとは何か」という哲学的問いに対して、「x」という語の使用を明らかにせよ、という処方箋を示しているのである。「時間」とは何か――「時間」および関連する言葉の使用を明らかにせよ。「心」とは何か――「心」および関連する言葉の使用を明らかにせよ。そして、「意味」とは何かという問いに対してもまた。それゆえ、少なくともウィトゲンシュタインの意図に即して言うならば、ここに「意味の使用説」のような学説を読みとるのは『青色本』の誤読と言わざるをえない。

もう一例あげよう。ウィトゲンシュタインは「私は歯が痛い」という発話をうめき声と類比的なものとして捉えようとする。問題はここにおける「私」にある。これが「彼は歯が痛い」であれば、その発言がまちがっている可能性はある。例えば母親に連れられて歯医者に入ってきた男の子を見て「彼は歯が痛いんだ」と言ったのだが、実は歯が痛いのはその子どもではなく、横にいる母親の方だったということもありうるだろう。だが、「私は歯が痛い」の場合には、痛んでいるのが誰なのかを取り違えることはありえない。そしてこのことは独我論への入口になるのである。「彼は歯が痛い」の「彼」は他の人物たちと区別された特定の人物を指す。他方、「私は歯が痛い」の「私」はそうではない。そこでは他の人物たちと区別された特定の人物ではなく、唯一無二の私、この経験を引き受ける主観、自我《エゴ》、そのような何ものかが意味されているはずだ。そんなふうに考えられてしまうのである。

これに対してウィトゲンシュタインはこう述べる。「「私は歯が痛い」という言明をするとき誰かを私と間違えることが不可能なのは、誰かを私と間違えてその痛みにうめくのが不可能なのと同じである。「私は痛い」と言うことは、うめきと同様、或る特定の人間についての言明ではない。」（一五四―五ページ）そしてここから、「一人称現在形の感覚報告は、自分の感覚のあり方を記述したものではなく、むしろ痛みの表出そのものなのである」といった主張（表出説）が引き出されもする。だが、ここでもウィトゲンシュタインの意図は、そのような学説を提示することにはない。

ウィトゲンシュタインはただひたすら哲学的治療を施そうとしている。「私は歯が痛い」という表現と「彼は歯が痛い」や「私は骨折している」といった表現の間には決定的な文法の違いがあるにもかかわらず、それらは似た形をしているために、われわれはそこで混乱する。そして「私は歯が痛い」における「私」という語は唯一無二の自我を指示しているのだと言いたくもなる。そこでウィトゲンシュタインは、「私は歯が痛い」という発話をうめき声に類するものとして見てみよ、とわれわれにアドバイスするのである。ポイントは、そうすることによってわれわれの混乱を少しでも振り払うことにある。

ウィトゲンシュタインの出す例ではないが、別のエピソードを考えてみよう。電話口で「俺だけど」と言う。いったい、これはどういう発言であろうか。実際、この「俺」は誰を指示しているのでもない。おそらくは、「俺だけど」の一言で分かるはずの人物であることを相手に示唆しているのである。同様に（この「同様に」はまったく論理的ではない。しばしばこのような「同様に」によってわれわれは哲学的混乱に誘いこまれるが、同じくしばしばこうした「同様に」によって混乱から救い出されもする）、――そう、同様に、「私は歯が痛い」における「私」も誰か特定の人物を指示してはいない。「私は歯が痛い」という発話をうめき声に類するものと捉えさせることとによって、ウィトゲンシュタインは、「私」という代名詞が使われるときには必ずそれは何かを指示しているはずだというわれわれの思い込みを断ち切ろうとするのである。それゆえ、ウィトゲンシュタインから「表出説」のような主張を読みとろうとすることもまた、誤読であると言わねばならない。

だが、私自身の意見を言わせてもらうならば、治療だけが哲学だとするほど哲学は狭いものではない。ウィトゲンシュタインの言葉に触発され、そこから理論的主張を引き出すというのもまた、ウィトゲンシュタインのひとつの利用法と言えるだろう。実際、われわれはウィトゲンシュタインの洞察からいくつもの理論的主張を引き出すことができる。さらには、それを火種として、理論構築を試みることもできるだろう。だが、そのさいにそうした理論的主張をウィトゲンシュタインに帰すことには慎重であらねばならない。ほとんどの場合、あるいはおそらくすべての場合に、自分がそのように理論構築に利用されていることをもしウィトゲンシュタインが知ったならば、彼はきっと怒りだすに違いない。

日常言語と哲学の言語

ウィトゲンシュタインの為していることが哲学的困惑の治療であり、理論・学説の提示ではないと見定めたとしても、その治療方法について、なお典型的な誤解がある。あらかじめ名前を与えておくならば、「日常言語至上主義」とでも呼ぶことができる誤りである。

例えば、『青色本』において他人の痛みの問題が論じられている箇所を見てみよう。独我論的な哲学者は、しばしば、「私は彼女の痛みを感じることができない」ということから、「私には他人の痛みを想像することもできない」と結論しようとする。これに対してウィトゲンシュタインは、「こういった場合にすることは、いつも問題の言葉が日常言語で実際にどう使われているかを見ることである。すべてこういった場合には、日常言語がそれらの語を使う用法とは違った用法がとられているのである」（一三二ページ）と述べる。このような箇所を読むと、あたかも哲学者の言うことは日常言語とはかけ離れており、だから無意味なのだ、と言われているように思えてしまうかもしれない。なるほど、われわれの言語実践こそが言葉に意味を与えるのだと、ウィトゲンシュタインは主張する。これはすなわち、「日常言語を用いて為すわれわれの生活こそが意味の母体であり、そこから切り離された言葉は意味があるように響きはするが、実のところ無意味なのだ」という主張にも聞こえる。だが、これはウィトゲンシュタインの考えとは異なっている。

『論理哲学論考』のウィトゲンシュタインにとって言語は唯一絶対のものであったが、中期以降には、彼はもはや言語の唯一性を信じてはいない。中期ウィトゲンシュタイン的な言い方をするならば、言語規則（文法）は、チェスの規則が恣意的であるように、恣意的である。現行のチェスの規則だけが唯一絶対であるわけではない。将棋のように取った駒を自分の駒として使用してよいという規則にしたならば、それはもちろん「チェス」とは呼ばれないだろうが、そういうゲームがあってもかまわないだろう。同様に、日常言語の規則だけが唯一の言語規則ではない。別の言語規則を導入することは可能である。あるいは後期ウィトゲンシュタイン的な言い方をするならば、言語ゲームはいまわれわれが行なっているものだけが唯一のものというわけではなく、他にもさまざまな言語ゲームが考えられる。新たな言語ゲームを提案することは可能であるし、場合によっては新たな言語ゲームに移行することが必要になることもありうる。

ウィトゲンシュタインの見るところでは、哲学者は日常言語の文法に不満を覚え、新たな文法を提案しようとしている。それに対して、「それは日常言語とは違う」と言ったとしても、「もちろん」と答えられるだけだろう。例えば、「他人が何を見ているのか、いや、そもそも他人が何かを見ているのかどうかさえ、私は知りえない」と、独我論的な哲学者は言う。それに対して、「その「見る」や「知る」という語の使い方は日常言語の使い方とは違う」と指摘したとしても、「もちろんそうだ。だから、私はわれわれのいまの言語使用を訂正したいのだ」と応じられるだけだろう。

この点に関して示唆的なのが、「水脈占い」の話である。水脈占いとは、（いくつかのやり方があるようだが）例えばL字形の棒を右手と左手に一本ずつもち、ここぞと思われる場所に立つと、その棒の先が開く、いわゆるダウジングと呼ばれる方法によって、その地下に水脈や鉱脈があることを予言する人を言う。そこでウィトゲンシュタインは、水脈占いが「地下五フィートに水があるのを感じる」と言ったとしたらどうか、とわれわれに問う。もしかしたらこの言葉に当惑を覚えない人もいるかもしれない。しかし、もし私が指を二本あなたの方に突き出して、「君の財布に二万五千円入っているのを感じる」と言ったとしたら、どうか。「君の財布に二万五千円入っていると思う」ならばなんの問題もない。いいかげんなことを言いやがってと思うだけである。だが、「人の財布に二万五千円入っているという感覚」というのは、いったいどういう感覚なのか。「地下五フィートに水があるという感覚」とはどういう感覚だというのか。これに対してウィトゲンシュタインは言う。「それは、よくわかった言葉の組合せだが、われわれに今の所まだわからない仕方で組合せられているのだ。この句の文法はなお説明してもらわねばならないのだ。」（二八ページ）

ここで、「意味とは使用である」という処方箋が効いてくる。日常言語にはない表現が使われたとき、たんにそれを日常言語とは違うというだけで却下することはしないし、そんなことはできない。だが、新しい表現を提案する人はその意味を、すなわちその表現の使用を、われわれに説明しなければならない。あるいは、その表現を実際に使ってみせて、われわれをその言語ゲームへと導かねばならない。なるほど哲学の言語はしばしば日常言語とはかけ離れたものとなる。だが、だからだめなのではない。ウィトゲンシュタインの哲学言語批判はそこにはない。

本質の探究と家族的類似性

「望む」（「期待する」「欲求する」）ということを例にとり、『青色本』の議論を再構成しながら、ウィトゲンシュタインの治療の仕方を見てみることにしよう。何ごとかを「望む」とは、どういうことか。そう自問し、答えようとしてみていただきたい。最初それは「望む」という語の定義を求める問いにも思えるかもしれない。しかし、すぐに「望む」ということを定義することが絶望的に困難であると感じられるようになるだろう。われわれはさまざまなものごとを望む。そしてその望み方にも、「願う」に近い「望む」、「期待する」に近い「望む」、「欲する」に近い「望む」など、多様な望み方がある。「結婚を望む」「世界平和を望む」「彼には多くを望まない」「抜き打ちテストは望むところだ」等々、「望む」のすべての事例を必要かつ十分に特徴づけることなどできるだろうか。

これに対してウィトゲンシュタインは、「一般名辞の意味を明確にするためにはそのすべての適用を通じて共通する要素を見つけねばならぬという考えが哲学にかせをはめてきた」(四八ページ)と指摘する。そして、こうした場面に対処するために、きわめて重要な道具立てを導入する。「家族的類似性」という概念である。ある一つの家族を見るとき、その家族を、そしてその家族だけを特徴づける共通の性質を、全員がもっているわけではない。父親とその息子は目が同じであり、息子とその妹は耳の形が同じであり、妹と母親は鼻の形が同じだが、父親と母親には特筆すべき共通点がないかもしれない。しかし全体として、一つの家族を成している。そんな類似性のあり方をウィトゲンシュタインは「家族的類似性」と呼ぶ。一般名辞（例えば「ゲーム」）の事例（チェス、ポーカー、野球、キャッチボール、鬼ごっこ、等々）もまた、そのすべてに共通する特徴がある必要はなく、多くの場合、そこに見られるのは家族的類似性なのである。「望む」と呼ばれうる諸事例もやはり、部分的な共通性の重なりあい、すなわち家族的類似性をもつにすぎない。

少し「家族的類似性」という概念について述べておこう。この考え方の射程は広い。哲学の困惑はしばしば「xとは何か」という問いかけで表わされる。そしてわれわれはこの問いに答えるべく、「x」を必要十分に特徴づける性質（あるいは「xの本質」と言ってもよい）を求め始める。いわく、「知識とは何か」「心とは何か」「美とは何か」等々。だが、これに対してウィトゲンシュタインは、そこには家族的類似性があるだけだと指摘する。これは、多少戯画化して言うならば、反‐ソクラテス路線と言うことができるだろう。『テアイテトス』において、ソクラテスが「知識とは何か」を問い、テアイテトスが「幾何学も知識ですし、靴作りの技術も知識です」のように答えたとき、ソクラテスは「どういう知識があるのかではなく、そもそも知識とは何なのかを答えてくれないか」と注文をつける。だが、ウィトゲンシュタインに言わせればむしろテアイテトスの方が真っ当なのである。

あるいは、反‐『論理哲学論考』路線と言ってもよい。『論理哲学論考』においてウィトゲンシュタインは、言語の本質、思考の本質、論理の本質、あるいは世界の本質を求め、そして求めえたと信じた。だが、いまやこうした本質の探究は放棄される。そこには多様な言語ゲームだけがある。

これはまた、「意味とは使用である」という後期ウィトゲンシュタインのスローガンとも結びついている。「xとは何か」と問われ、「x」の意味の明確化が求められる。しかしそれは「x」を規定する必要十分な特徴によって答えられるものではない。「x」という語がいかに使われ、「x」という概念がどのような具体例に適用されるのか、その家族的類似性をもった一連の使用例こそが、「xとは何か」に答える唯一の道なのである。家族的類似性とは、ウィトゲンシュタインがわれわれに差し出す強力な治療道具の一つにほかならない。

『青色本』はなぜ読みにくいのか

さて、「望む」「期待する」「欲求する」といった語に関する『青色本』の議論をさらに見ていこう。AがBの来訪を期待して待っているという場面を考える。ここでウィトゲンシュタインがわれわれに注意を促すのは、「Bの来訪を期待する」と言われうるようなAの心の状態がさまざまでありうることである。そこには、家族的類似性をもった一連の心の状態があるだけでしかない。

これに対して、「期待する」はあくまでもすべての期待を特徴づけるようなある特定の心の状態を意味するのだと主張されたとしよう。そのような「期待」は、何を期待の対象としてもとうとも、そこに生じる特定の心の状態（例えばある種の緊張感）を意味するものとなる。それゆえ、「私は期待する」は「私はしかじかの感覚をもつ」に類する使い方となる。ウィトゲンシュタインはこれを「期待する」の「自動詞的用法」と名づける。他方、特定の心の状態を意味するのではない「Bの来訪を期待する」のような使い方を「他動詞的用法」と呼ぶ。そして両者の文法が異なっていることを明確にしようとする。注意すべきは、哲学者によって自動詞的用法が提案されたとして、それを他動詞的用法と違うからという理由で却下するわけではないという点である。哲学的困惑はしばしば二つの表現の文法の違いが判明になっていないことから引き起こされる。だから、問題となっている表現の文法を明晰に見て取らねばならない。文法がはっきりすれば、自ずと困惑も鎮まるだろう。ウィトゲンシュタインはそうわれわれにアドバイスする。

だが、哲学的困惑はそう簡単には治まらない。そしてまた――ここが治療の肝心なところでもあるのだが――、哲学的困惑は一刀両断に切り捨ててしまってはならないのである。一つの哲学的困惑は、そのさまざまな現われ方とともに、あらゆる側面から解きほぐしていかねばならない。また、ある言葉の文法は他の言葉の文法と結びついている。それゆえ、ある言葉が引き起こす困惑が完全には鎮まりきらないうちに、他の言葉の文法の検討に移ることを余儀なくされもする。ここに、ウィトゲンシュタインの一見とりとめがないようにも見えかねない議論展開が現われる。

目下の話題に即してウィトゲンシュタインの「彷徨」ぶりを見てみよう。ウィトゲンシュタインはいま「期待する」に自動詞的用法と他動詞的用法を区別した。だがそれでも、「期待する」を必要十分に規定する特徴（期待の本質）を求める声が上がるかもしれない。例えば、「「期待する」はあくまでも一つの用法のみをもつ。ただ、あなたが自動詞的用法と呼ぶ場合には、自分が何を期待しているのか知らないのであり、他動詞的用法と呼ぶ場合には、自分が何を期待しているのか知っている。そういうことなのではないか」と言われるかもしれない。さて、ここからのウィトゲンシュタインの議論が、実に分かりにくい。

いまのような意見に対してウィトゲンシュタインは、この提案では「期待の対象を知っている／知らない」における「知る」の意味に問題がずらされているだけだと論じる。そして、議論を「知る」の文法の検討に移すのである。仔細は省略するが、そこにおいて、「知る」という語の文法は「何を「知るに至る」と呼ぶか」ということの検討によって明らかにされると述べ、「基準と徴候」というきわめて重要な概念対が治療の道具として導入される。そしてまた、われわれの言語では基準と徴候の区別は固定されたものではないという指摘に関連して、われわれの言語はけっして明確な規則に従う記号系のようなものではないという、とりわけ中期ウィトゲンシュタインとの対照という点で重要なリマークが差し挟まれる。こうして、読者のみならずおそらくはウィトゲンシュタインの口述を受けていた学生たちも「期待する」のことを忘れかけた頃、ようやく再びその話題に戻ってくるのである。

問題は、期待の対象を知っている場合と知らない場合の区分であった。本線に戻ってきたウィトゲンシュタインの議論を見よう。いったいわれわれは、自分が何を期待しているのかをどのようにして知るのだろうか。Bの来訪を待っている、そんなごくふつうの場面を考えていただきたい。そこで「君はどのようにして自分がBの来訪を期待していると知ったのか」と尋ねられたとする。答えようがないだろう。「どうして今日Bが訪ねてくると知ったのか」という問いであれば、「事前に連絡があった」とか「毎週この曜日に彼は来るんだ」のように答えることもできる。だが、私は自分がBの来訪を期待しているということを何かそのような証拠に基づいて知ったのではない。それゆえこの場合には、実は「自分が何を期待しているのか知らないなどということはありえない」と言いたいのである。そしてこの「ありえない」は例えば「牝馬は雄ではありえない」と同様の不可能性にほかならない。それは文法的な不可能性なのである。他方、「自分が何を期待しているかを知らないこともありうる」と言いたいのであれば、それはそれでまた別の文法を提案していることになる。

つまり、何がどうなったのか。ウィトゲンシュタインは「期待する」の自動詞的用法と他動詞的用法という文法的区別を導入し、文法的な見通しをよくしようとした。

それに対して「期待する」の用法はあくまでも一つにして、「期待の対象を知っている場合」と「期待の対象を知らない場合」とに区分するという提案が俎上に載せられた。だが、その提案はけっきょく「対象を知らないことがありえないとされる「期待」という語の使い方」と「対象を知らないこともありうるとされる「期待」という語の使い方」という文法的な区別に行き着く。つまり、なんのことはない、やっぱり「期待」の用法は二つに区別されたままだった、というわけである。

こうして、問題提起からそれに対する一応の答えが与えられるまで、本書のページ数にして一八ページの迂回を読者は強いられることになる。『青色本』の読みにくさは、こういうところにもあると言えるだろう。読者はよろしく覚悟して臨まれたい。

哲学的困惑の生じ方

ここまでは、「望む」や「期待する」という語に対して、単一の意味、単一の文法を想定することから生じる哲学的困惑を論じたものであった。それは、一般名辞に対してそれに対応する何ものかを求めてしまうわれわれの思考傾向、ウィトゲンシュタインが「一般的なものへの渇望」と呼ぶ哲学的困惑の源の一事例にほかならない。それに対して、もちろん、「望む」や「期待する」に独特の困惑がある。そこでその話題に即しながら、ウィトゲンシュタインの哲学的治療のさらなる側面を見てみることにしよう。

ウィトゲンシュタインが提起する問題は、「事実でない事態を考えることができるのはどうしてか」である。われわれは、まだ実現していない結婚を望み、まだ実現していないB氏の来訪を期待する。あるいは、何ごとかを信じるとき、それが誤りであって事実ではないということもある。そこで、それがどうして可能なのかと問われるのである。「この問は哲学的問の見事な例である。それは「……できるのはどうしてか」と問うが、この問に困惑させられる一方、事実でない事態を考えるのは何にもましてやさしいことを認めざるをえないのである。」（七二ページ）では、何にもましてやさしいことのはずなのに、なぜ「事実でない事態を考えることができるのはどうしてか」などという問いを発してしまうのだろう。ウィトゲンシュタインの答えは、「誤りやすい表現形式を通して事実を眺めることからこの困難が生じる」（七三ページ）というものである。そしていまの場合には、「思考対象」や「事実」あるいは「存在する」といった言葉がもつ複数の異なる意味の混同から混乱が生じている、とウィトトゲンシュタインは言う。

例えば、誤った信念の場合、たんに平たく「彼はまちがったことを信じている」と言えばそれでよいのだが、「信念の対象」は何かという問いに導かれている哲学者であれば、「彼の信念の対象は事実ではない」のように言いもするだろう。ところがその表現は、さらに「彼の信念は事実ではない何かを対象にもっている」と言い換えられるかもしれない。そうして、その「事実ではない何か」とはいったい何であるのかが問題になってくる。それに対するひとつの典型的な答えの方向は、事実の影のようなものを信念の対象として心の中に想定することだろう。だが、それはいっそう大きな困惑の始まりでしかない。――およそこのような道筋が、「誤りやすい表現形式を通して事実を眺めることからこの困難が生じる」ということでウィトゲンシュタインが考えていたことであると思われる。

いまはこの困惑がどのように鎮められるのかを見ていくときではない。われわれにとってのポイントを押さえておこう。まず、これまでにも述べてきたことを要約的に繰り返しておきたい。哲学はしばしば独特の表現法を用いる。だが、新たな表現法を提案するとは、新たな文を一つ書きつけるだけのことではありえない。哲学者はそこで、新たな表現法の新たな使用法を、すなわち新たな言語ゲームを開いてみせなければならない。単純な場合には、違いは書き方だけであり、その実質はわれわれの表現と同じということもあるだろう。例えば、「彼の信念は事実ではない何かを対象にもっている」の意味は、たんに「彼はまちがったことを信じている」にすぎないかもしれない。このように問題となっている表現の文法を明らかにすること、ここまでがこれまで確認してきた治療の第一段階である。

さらに、これに加えて「誤りやすい表現形式を通して事実を眺めることから困難が生じる」とウィトゲンシュタインは言う。つまり、かりに「彼の信念は事実ではない何かを対象にもっている」という言い方が「彼はまちがったことを信じている」と同じ意味であったとしても、前者の表現は後者に比べて格段にわれわれを誤解へと導きやすいのである。

別の箇所を参照しよう。痛んで当然の虫歯があるのになぜか痛みを感じていないような場合に、ある哲学的動機に導かれて「無意識的歯痛をもつ」という表現が提案されたとする。この表現に対してウィトゲンシュタインは次のように述べる。「新しい規約に従って「私は無意識的歯痛がする」と言うのは誤りではない。その表記法に、痛い虫歯と痛くない虫歯を区別することの上に何を要求できるだろうか。とはいっても、この新しい表現は、我々の規約を一貫して貫き通すことを難しくさせるような挿し画（picture）や比喩（analogy）を呼び起して我々に道を誤らせるのである。絶えず警戒していない限り、これらの挿し画を無視することは極端に難かしい。我々が哲学しているとき、すなわち、我々が物事について言うことを熟考するときには別して難かしい。」（五六ページ）

かくして治療の第二段階は、ある種の表現法が誘う哲学的困惑のもととなる「挿し画」を振り払うことである。できればその表現法をやめさせるのが一番よい。しかし、なかなかそうもいかない。そこで、新たな表現法の実質を明らかにし、不適当な「挿し画」に誘い込まれないように警告を発し、手を引いて呼び戻さねばならない。例えば、「彼の信念は事実ではない何かを対象にもっている」と言いたければ言ってもよい。しかし、それによって何か事実の影のごときものが心の中になければならないという考えに誘われることを、なんとかして阻止しなければならない。『青色本』でウイトゲンシュタインが為していることの大半は、まさしくそのような作業なのである。

個人的経験について

『青色本』は、その前半においては、いままで見てきたように「望む」「期待する」「信じる」あるいは「考える」といった心の働きとされる諸概念にまつわる哲学的困惑を論じている。他方、後半およそ四割ぐらいの分量は、他我問題および独我論が中心の話題となる。ウィトゲンシュタインはそれを「個人的経験」と呼ぶが、それは「見る」「聞く」「痛みを感じる」といった経験——ただし、独我論的な観点から捉えられた経験——にほかならない。つまり、なるほど私はさまざまなものごとを見聞きし、折に触れて頭痛や歯痛を感じるが、他人もそのような経験をもっているかどうかは分からない。いや、こうした経験をもっているのはただ私だけではないのか。そんなふうに言いたくなる哲学的誘惑が、『青色本』後半において問題とされる。

もちろん、ここでも、前半で示された治療の手法は活用される。例えばある箇所では、「現実のものごとは個人的経験から作られているのではないか」という観念論的な主張、あるいは「自分の経験だけが本当の経験なのだ」という独我論的な主張が取り上げられ、それに対して「我々は、自分の表現の仕方でひき起された当惑に面している」（一一三ページ）と診断を与える。また別の箇所では、「Aには金歯がある」と

「Aには歯痛がある」という二つの文を対比し、両者は形は似ているが文法はまったく異なっていると分析してみせる。また別の箇所では、「他人の痛みは知りえない。推測できるだけだ」という主張に対して、「君には「推測する」と「知る」という言葉の用法の違いにひそむ困難がわかっていないのだ」（一二四ページ）と指摘する。あるいは、こんなふうにも論じられる。「独我論者と我々が呼ぶ人、そしてただ自分の経験のみが本当のものだと言う人、その人は何もそれで実際的な事実問題について我々と食い違いがあるわけではない。」（一三七ページ）「彼はただ或る表現形式を使うようあらがい難く誘われたのである。しかしなお、なぜ彼は誘われたのかを見出さなければならない。」（一三八ページ）こうした箇所は、われわれがいままで確認してきた『青色本』の治療法が実践されているものと解することができる。だが、この後半の独我論を巡る議論において、いままでの治療法では困惑を解消しきれないのではないかという雰囲気が漂い始めるように、私には思われる。

　少しウィトゲンシュタインの議論を追ってみよう。ある箇所において、ウィトゲンシュタインは次のように問いかける。

或る場合には、次の言い方が上の独我論を最もよく表現しているように思われる。すなわち、「何が見られようと（本当に見られようと）それを見るのは常に私である」。

この表現で気になるのは「常に私」という句である。常に誰なのだ。（一四二ページ）

例えば私は雑踏の街角に立つ。私は車が行きかう道路や立ち並ぶ店を見ている。しかし独我論的な観点に立つならば、それを見ているのはただ私だけでしかない。そこにいるすべての他人たち、彼らは何も見ていない。何も聞いていない。何も感じていない。彼らの姿もその声も、ただ私の意識に映じた現象にすぎず、その現象を受けとめているのは、この私なのだ。――「この私」。この、「誰」なのか。ウィトゲンシュタインはそう問う。

それは他人たちではない、他ならぬこの私である。そう言いたくもなる。だが、それは独我論者としてはあまりうまい言い方ではない。そのとき「私」は、「他人たち」を排除することにおいて、むしろ「他人たち」と同列の一人物とされるだろう。つまり、例えばそこに千人の人がいたとして、その中の一人である私だけが、意識をもった主体だというのである。だが、これは独我論者が言いたいことではない。

部屋の中にそれぞれ「A」「B」「C」という名前の三人がいたとしよう。私は「A」と呼ばれる人物であるとする。そして私は「本当に見ているのはただ私だけだ」と言う。このとき私は、独我論者として、「本当に見ているのはただAだけだ」と言いたいのではない。かりに――非現実的な想像であるが――私がなぜかある瞬間からBになり、しばらくしてこんどはCになるといったことが起こったとしても、それでも私は「本当に見ているのは私だけだ」と言うだろう。だとすれば、私がAであるのはたまたまのことであり、私は自分がいまたまたまAであることなどにはおかまいなしに、「本当に見ているのは私だけだ」と言うのである。

それゆえ、「本当に見ているのは私だけだ」と独我論者が言うとき、その「私」は特定の一人物のことではない。そこで、独我論者は「私」と言うのをやめ、むしろ「本当に見えているのはただこれだけだ」と言って、視野全体を指し示そうとするかもしれない。私の視野の一部の何かではなく、私の視野の全体を意味しつつ「これ」と言い、そして「これだけが見えているものなのだ」と言う。他人たちには「これ」

がない、と。

あなたの前に独我論者がいて、そのような発言をすると考えてみてほしい。彼は、「本当に見えているのはただこれだけなんだ」と言って、両手を広げ、何か楕円を描く（たぶん彼は自分の視野のへりのあたりに沿って手を動かしている）。しかし、われわれは彼が「これ」と言うものを理解できない。いわば彼は彼の世界を指示しようとしている。だがそれは他の誰にも共有されえないはずのものでしかない。というよりも、彼は独我論者として、その「これ」が他人に共有されることを拒否する。それゆえ、それはわれわれに理解されてはならないものなのである。「肝心なのは、私の言うことを聞く人がそれを理解できてはならないことなのである。他人には「私が本当に意味すること」がわかってはならぬことが肝心なのだ。」（一四九ページ）

原理的に他人には理解できない言語、ただ私の個人的経験を表わすためだけの言語、そのような言語を『哲学探究』は「私的言語」と呼ぶ。ここで独我論者が行き着いたのは、まさしく私的言語にほかならない。

『青色本』全体を視野に入れて振り返ってみよう。私は最初、日常言語と異なることをもって哲学言語批判を行なうという読み方は『青色本』に対する誤読であると述べた。ウィトゲンシュタインは、それが日常言語と違うというだけで哲学の提案する独特の表現法を却下しようとはしない。だが、新たな表現法は新たな使用を、すなわち新たな言語ゲームを開かねばならない。それに失敗したならば、提案された表現法は実質をもたぬものとして却下されることになる。さて、ここで「言語使用」および「言語ゲーム」ということが問題にされねばならない。何をどうすれば、それは言語使用と認められるのか。どのようなことを為せば、言語ゲームをしているとみなされるのだろうか。この点が明確になっていない限り、私的言語の、それゆえ独我論の息の根を止めることはできない。

独我論者は「本当に見ているのはただ私だけだ」とか「これだけが本当に見えているものなのだ」と言う。われわれが「しかしそれは日常言語の使い方とは違う」と言えば、独我論者は「もちろん違う。私の言いたいことは日常言語では表現できない。だから私はこの独特の表現法を使うのだ」と言う。そしてそれと同様に、「だが、君の言葉は私的言語であり、他人に理解されえないものでしかない。それはいかなる公共的な言語使用をも開かない」と言ったとしても、やはり独我論者はこう言うだろう。「もちろんそうだ。私の言いたいことは公共言語では表現できない。だから、私的言語を使うのだ。」これに対してわれわれはどう言えばよいだろう。

個人的経験について論じ始めるさいに、ウィトゲンシュタインは次のように述べていた。「これらの問題に打ちのめされると、これまで記号について、また事例の中でいろいろあげた対象について述べてきたことを全部改めなければいけないかもしれぬ、と思われることとすらある。」（一〇四ページ）『青色本』前半で展開してきた治療法そのものが、ここで挑戦に晒されるのである。

独我論から快癒するには、私的言語を治療しなければならない。そして確かに、『青色本』においてもその一歩が踏み出されている。「これが本当に見えているものだ」という言い方において、「これ」という指示は実質を失っている。ウィトゲンシュタインはそう論じる。ウィトゲンシュタインの言わんとするところを捉えるため、「これが本当に見えているものだ」と「これがスカイツリーだ」を比較してみよう。「これがスカイツリーだ」であれば、スカイツリーでないものを指して「これ」と言い、それを誤って「スカイツリーだ」と言ってしまうこともありうる。だが、独我論の場合、「これ」とはいま見えているこの視野の全体であり、それ以外のもの、他人の視野など私には与えられていない。それゆえ、「本当に見えているもの」ではない何かを指して「これ」と言ってしまうなどということはありえない。つまり、「これ」は「本当に見えているもの」以外のものではありえないのである。かくして、こう言われる。「歯車その他で時計を組立てたが最後に文字盤をその針に固定して針と一緒に廻るようにしてしまったのである。こういうようにして、独我論者の「これのみが本当に見られるものである」は或るトートロジーを思わせるのである。」（二六四ページ）つまり、「これが本当に見えているものだ」という独我論者の主張は同語反復的《トートロジカル》に無内容だというのである。

さて、これで私的言語の治療は終わっただろうか。読者はおそらく（独我論的読者はもちろん、独我論的でない読者も）、これではまだ不十分だと感じるのではないだろうか。私もそう思う。そしておそらくは、ウィトゲンシュタイン自身がそう強く感じていたのではないか。『哲学探究』の一つの中心問題は、まさしくこの私的言語を治療することだったのである。

最初に述べたように、『青色本』はウィトゲンシュタインの講義の記録である。この講義において、ウィトゲンシュタインは新しい哲学の方法を学生たちに伝えようとしている。それは本当にまったく新しい哲学のやり方だった。ウィトゲンシュタインはそれを実際にやってみせ、「いいかい、こんなふうにやるんだ」とわれわれに言う。哲学のやり方を、なんらかのテーゼとしてではなく、身につけ、使いこなせるように、哲学問題との格闘を通して教えようとする。哲学とは実技であり、その技術を習得するには、センスと訓練と経験が必要なのである。

だが、やはり、『青色本』はウィトゲンシュタインの哲学の記録である。彼は『青色本』においてわずかでも先に進もうとしている。そしてわれわれはそこになお途上にあるウィトゲンシュタインの姿を見る。息を詰めて考察に耽り、ときに息を切らし、深呼吸し、また歩き始める。そんなウィトゲンシュタインの息遣いが間近に感じられる。(本書に感じとれる息遣いの何割かは、ウィトゲンシュタインにシンクロした訳者、大森荘蔵の息遣いでもあるだろう。)それは確かに、哲学書を読む最大の愉悦であるに違いない。読者はここで、一冊の哲学書という以上に、ウィトゲンシュタインという一人の哲学者と出会っている。

文法的言明(grammatical statement) 127
文法的陳述(grammatical statement) 72
文脈(context) 26

ま行

待つ(expect) 49
無意識的思考(unconscious thought) 133, 134, 135
命題(proposition) 15
命令(order) 31
モデル(model) 18

や行

用語法(terminology) 55
用途(use, usage) 31, 48, 64, 84, 114, 124, 128, 131, 150, 155
欲求する(longing) 54

ら行

理想的言語(ideal language) 66
理由(reason) 36, 37, 39
理由の連鎖(chain of reasons) 167
了解(understanding) 31
了解する(understand) 31
類似性(analogy) 67
論理(logic) 46

わ行

私(I) 149, 152, 154, 157, 160, 169

た行

な行

は行

記号(sign)　15, 40, 41
記号系(calculus)　61, 99
基準(criterion)　10, 59, 115, 119, 129, 132, 142, 146, 147
規則(rule)　21, 31, 33, 34, 64, 128, 151
期待(expectation)　50-52
規約(convention)　59
恐怖(fear)　54
訓練(drill)　32
経験(experience)　108, 137, 145
経験(phenomena)　23
経験命題(experiential proposition)　115, 128
計算(calculation)　34
形而上学(metaphysics)　45
形而上学的命題(metaphysical proposition)　128
ゲーム(game)　47, 61, 125
原因(cause)　38, 39
言語(language)　12, 61
言語ゲーム(language game)　42
言語体系(system of language)　99
語(word)　7, 44, 66, 103, 155
行為(action)　35
合成用法(composite use)　144
語言語(word-language)　10
心(mind)　13
心の機構(the mechanism of the mind)　95
心の働き(mental activity)　20, 160
心の働き(mental event)　95
個人的経験(personal experience)　104, 106, 110, 112, 113
固有名(proper name)　45
困惑(puzzlement)　19
困惑(puzzle)　63

さ行

時間(time)　62, 63
思考(thinking)　20, 41
思考対象(object of thought)　73
思考の場所(locality of thinking)　20
事実(fact)　73, 75
自然法則(natural law)　45
歯痛(toothache)　55, 57, 58, 114, 116, 122, 159
実在論者(realist)　113, 133
自動詞(intransitive verb)　54, 55
自動詞的用法(intransitive use)　68
視野(visual field)　24
主観的(subjective)　112
種類(kind)　46, 68
使用(use)　16, 123
肖像(portrait)　76, 77, 87
証明(proof)　68
知る(know, knowing)　55, 57, 69, 124, 125, 129
新語(new word)　67
信じる(believe)　28, 125
心的状態(mental state)　45
推測する(conjecture)　39, 124,

索引

人名

アウグスティヌス(Augustine)　62, 63
ソクラテス(Socrates)　48
ハーディ(Hardy)　29
フレーゲ(Frege)　15
ラッセル(Russell)　52

事項

あ行

赤，赤い(red)　12, 36, 139, 140
赤さ(redness)　74
アミーバ(amoeba)　17
意義(significance)　17
意識的思考(conscious thought)　134, 135
痛い(have pain)　158
痛み(pains)　108, 113, 114, 116, 118, 122, 126, 129, 156, 168
一般名辞(general term)　48
意図(intention)　77
意味(meaning)　7, 58, 65, 103, 150
意味(sense)　15
意味(する)(meaning)　80, 82
イメージ(image)　16
色(colour)　128
色の名(names of coloure)　159
嘘(lie)　100
恐れる(fearing)　54

か行

科学(science)　45
科学者(scientist)　56
科学的問題(scientific problem)　18
学習(teaching)　32, 33
仮説(hypothesis)　23, 60
画像(picture)　85, 86, 98, 107
家族的類似性(family likeness)　43, 50, 78
形の名(names of shapes)　159
考える(think, thinking)　13, 40
感覚的経験(sense-experience)　107, 110, 121
感覚与件(sense data)　45, 127, 128, 161-163
感じ(feeling)　27
感じる(feel)　25, 28, 157
観念論者(idealist)　113, 133
願望(wish)　88, 89, 139
黄色(yellow)　31, 32

本書は一九七五年九月二十日、大修館書店より刊行された『ウィトゲンシュタイン全集6』から「青色本」のみを収録したものである。

スタンツェ
ジョルジョ・アガンベン　岡田温司訳
西洋文化の豊饒なイメージの宝庫を自在に横切り、愛・言葉そして喪失の想像力が表象に与えた役割をたどる。21世紀を牽引する哲学者の博覧強記。

重力と恩寵
シモーヌ・ヴェイユ　田辺保訳
「重力」に似たものから、どのようにして免れればよいのか……ただ「恩寵」によって。苛烈な自己無化への意志に貫れた、独自の思索の断想集。ティボン編。

ヴェーユの哲学講義
シモーヌ・ヴェーユ　渡辺一民／川村孝則訳
心理学にはじまり意識・国家・身体を考察するリセ最高学年哲学学級で一年にわたり行われた独創的かつ自由な講義の記録。ヴェーユの思想の原点。

有閑階級の理論
ソースティン・ヴェブレン　高哲男訳
ファッション、ギャンブル、スポーツに通底する古代略奪文化の痕跡を「顕示的消費」として剔抉した、経済人類学・消費社会論的思索の嚆矢。

論理哲学論考
L・ウィトゲンシュタイン　中平浩司訳
世界を思考の限界にまで分析し、伝統的な哲学問題すべてを解消する――二〇世紀哲学を決定づけた著者の野心作。生前刊行した唯一の哲学書。新訳。

使える現象学
レスター・エンブリー　和田渡／李晟台訳
現象学を学ぶための入門書ではなく、さまざまな分野で現象学的探求を行なうための実践的手引き書。複雑な諸問題にいかに対処するかを指導。

大衆の反逆
オルテガ・イ・ガセット　神吉敬三訳
二〇世紀の初頭、《大衆》という現象の出現とその功罪を論じながら、自ら進んで困難に立ち向かう《真の貴族》という概念を対置した警世の書。

死にいたる病
S・キルケゴール　桝田啓三郎訳
死にいたる病とは絶望であり、絶望を深く自覚し神の前に自己をすてる。実存的な思索の深まりをデンマーク語原著から訳出し、詳細な注を付す。

ニーチェと悪循環
ピエール・クロソウスキー　兼子正勝訳
永劫回帰の啓示がニーチェに与えたものは、同一性の下に潜在する無数の強度の解放である。二十一世紀にあざやかに蘇る、逸脱のニーチェ論。

哲学事典
W・V・クワイン
吉田夏彦／野崎昭弘訳
現代哲学の巨頭が、「心身」「知識」「真理」から「自由」「ジェンダー」まで、幅広い項目を数頁ずつ軽妙に解説する。読んで楽しい哲学事典。

世界制作の方法
ネルソン・グッドマン
菅野盾樹訳
世界は「ある」のではなく、「制作」されるのだ。芸術・科学・日常経験・知覚など、幅広い分野で徹底した思索を行ったアメリカ現代哲学の重要著作。

新編 現代の君主
アントニオ・グラムシ
上村忠男編訳
労働運動を組織しイタリア共産党を指導したグラムシ。獄中で綴られたそのテキストから、いま読み直されるべき重要な29編を選りすぐり注解する。

ハイデッガー『存在と時間』註解
マイケル・ゲルヴェン
長谷川西涯訳
難解をもって知られる『存在と時間』全八三節の思考を、初学者にも一歩一歩追体験させ、高度な内容を読者に確信させ納得させる唯一の註解書。

色彩論
ゲーテ
木村直司訳
数学的・機械論的近代自然科学と一線を画し、自然の中に「精神」を読みとろうとする特異で巨大な自然観を示した思想家・ゲーテの不朽の業績。

ぼく自身あるいは困難な存在
ジャン・コクトー
秋山和夫訳
ラディゲ、サティ、プルーストら親しい友人たちを回想する魅力的な人物論をちりばめつつ、コクトーの姿と芸術観を浮き彫りにする珠玉エッセー。

倫理問題101問
マーティン・コーエン
榑沼範久訳
何が正しいことなのか。医療・法律・環境問題等、私たちの周りに溢れる倫理的なジレンマから101の題材を取り上げて、ユーモアも交えて考える。

哲学101問
マーティン・コーエン
矢橋明郎訳
全てのカラスが黒いことを証明するには？　コンピュータと人間の違いは？　哲学者たちが頭を捻った101問を、譬話で考える楽しい哲学読み物。

マラルメ論
ジャン＝ポール・サルトル
渡辺守章／平井啓之訳
思考の極北で〈存在〉そのものを問い直す形而上学的〈劇〉を生きた詩人マラルメ――固有の方法的批判により文学の存立の根拠をも問う白熱の論考。

反解釈
スーザン・ソンタグ
高橋康也他訳
《解釈》を偏重する在来の批評に対し、《形式》を感受する官能美学の必要性をとき、理性や合理主義に対する感性の復権を唱えたマニフェスト。

孫臏兵法
金谷治訳・注
『史記』『漢書』に記載されながら、二千年にわたって姿を隠していた幻の兵書の全訳。戦国時代を反映した、人間の生死を賭けた知恵と行動の原理。

言葉にのって
ジャック・デリダ
林好雄／森本和夫／本間邦雄訳
自らの生涯をたどり直しながら、現象学やマルクスとの関係、嘘、赦し、歓待などのテーマについて肉声で語った、デリダ思想の到達点。本邦初訳。

死を与える
ジャック・デリダ
廣瀬浩司／林好雄訳
キルケゴール『おそれとおののき』、パトチュカ『異教的試論』などの詳細な読解を手がかりに、デリダがおそるべき密度で展開する宗教論。

声と現象
ジャック・デリダ
林好雄訳
フッサール『論理学研究』の綿密な読解を通して、「脱構築」「痕跡」「差延」「代補」「エクリチュール」など、デリダ思想の中心的〝操作子〟を生み出す。

省察
ルネ・デカルト
山田弘明訳
徹底した懐疑の積み重ねから、確実な知識を探り世界を証明づける。哲学入門者が最初に読むべき、近代哲学の源泉たる一冊。詳細な解説付新訳。

哲学原理
ルネ・デカルト
山田弘明／吉田健太郎／久保田進一／岩佐宣明訳・注解
『省察』刊行後、その知のすべてが記された本書は、デカルト形而上学の最終形態といえる。第一部の新訳と解題・詳細な解説を付す決定版。

方法序説
ルネ・デカルト
山田弘明訳
「私は考える、ゆえに私はある」。近代以降すべての哲学は、この言葉で始まった。世界中で最も読まれている哲学書の完訳。平明な徹底解説付。

旧体制と大革命
A・ド・トクヴィル
小山勉訳
中央集権の確立、パリ一極集中、そして平等を自由に優先させる精神構造――フランス革命の成果は、実は旧体制の時代にすでに用意されていた。

ニーチェ
G・ドゥルーズ　湯浅博雄訳
〈力〉とは差異にこそその本質を有している――ニーチェのテキストを再解釈し、尖鋭なポスト構造主義的イメージを提出した、入門的な小論考。

ヒューム
G・ドゥルーズ／アンドレ・クレソン　合田正人訳
ロックとともにイギリス経験論の祖とあおがれる哲学者の思想を、二〇世紀に興る現象学的世界観の先どり、《生成》の哲学の嚆矢と位置づける。

カントの批判哲学
G・ドゥルーズ　國分功一郎訳
近代哲学を再構築してきたドゥルーズが、三批判書を追いつつカントの読み直しを図る。ドゥルーズ哲学が形成される契機となった一冊。新訳。

スペクタクルの社会
ギー・ドゥボール　木下誠訳
状況主義――「五月革命」の起爆剤のひとつとなった芸術＝思想運動――の理論的支柱で、最も急進的かつトータルな現代消費社会批判の書。

神的な様々の場
ジャン＝リュック・ナンシー　大西雅一郎訳
デリダの思想圏を独創的に継承するナンシー。思考とは単独者の測り知れない重みを測ることだとし、壮大な問題系を切り開く先鋭的な論考。

作者の図像学
ナンシー／フェラーリ　林好雄訳
現代思想の旗手が、バルザック、プルースト、ボルヘス、ジッド、川端康成など、十五枚の肖像をめぐって展開する作者のイコノグラフィー。

存在と時間　上・下
M・ハイデッガー　細谷貞雄訳
哲学の根本課題、存在の問題を、現存在としての人間の時間性の視界から解明した大著。刊行時すでに哲学の古典と称された20世紀の記念碑的著作。

「ヒューマニズム」について
M・ハイデッガー　渡邊二郎訳
『存在と時間』から二〇年、沈黙を破った哲学者の後期の思想の精髄。「人間」ではなく「存在の真理」の思索を促す、書簡体による存在論入門。

ドストエフスキーの詩学
ミハイル・バフチン　望月哲男／鈴木淳一訳
ドストエフスキーの画期性とは何か？《ポリフォニー論》と《カーニバル論》という、魅力にみちた二視点を提起した先駆的著作。（望月哲男）

ランスの大聖堂
ジョルジュ・バタイユ
酒井健訳
信仰時代である一九一八年の処女出版から『無神学大全』後の一九四八年まで、バタイユ初期から中期の枠である最重要テキスト17篇をまとめる。

純然たる幸福
ジョルジュ・バタイユ
酒井健編訳
著者の思想の核心をなす重要論考20編を収録。文庫化にあたり「クレー」「ヘーゲル弁証法の基底への批判」「シャプサルによるインタビュー」を増補。

入門経済思想史 世俗の思想家たち
R・L・ハイルブローナー
八木甫ほか訳
何が経済を動かしているのか。スミスからマルクス、ケインズ、シュンペーターまで、経済思想の巨人たちのヴィジョンを追う名著の最新版訳。

マクルーハン
W・テレンス・ゴードン
宮澤淳一訳
テクノロジーが社会に及ぼす影響を考察し、情報社会の新しい領域を開いたマクルーハンの思想をビジュアルに読み解く入門書。文献一覧と年譜付。

サルトル
D・D・パルマー
澤田直訳
小説家・政治活動家であり、哲学の地図上に「実存主義」を記したサルトル。その生涯をたどり思想と概念をビジュアルに紹介。用語集・年譜付。

ラカン
フィリップ・ヒル
新宮一成／村田智子訳
フロイトの精神分析学の跡を受け構造主義思想に多大な影響を与えたジャック・ラカン。きわめて難解とされるその思想をビジュアルに解く。（新宮一成）

デリダ
ジェフ・コリンズ
鈴木圭介訳
「脱構築」「差延」の概念で知られるデリダ。現代思想に偉大な軌跡を残したその思想をわかりやすくビジュアルに紹介。丁寧な年表、書誌を付す。

ベンヤミン
ケイギル／コールズ／アピニャネジ
久保哲司訳
〈批評〉を哲学に変えた思想家ベンヤミン。親和力、多孔質、アウラ、廃墟などのテーマを通してその思想の迷宮をわかりやすく解説。詳細な年譜・文献付。

自我論集
ジークムント・フロイト
竹田青嗣編
中山元訳
フロイト心理学の中心、「自我」理論の展開をたどる新編・新訳のアンソロジー。「快感原則の彼岸」「自我とエス」など八本の主要論文を収録。

実存から実存者へ　エマニュエル・レヴィナス　西谷修訳

世界の内に生きて「ある」とはどういうことか。存在は「悪」なのか。初期の主著にしてアウシュヴィッツ以後の哲学的思索の極北を示す記念碑的著作。

倫理と無限　エマニュエル・レヴィナス　西山雄二訳

自らの思想の形成と発展を、代表的著作にふれながら語ったインタビュー。平易な語り口で、自身によるレヴィナス思想の解説とも言える魅力的な一冊。

黙示録論　D・H・ロレンス　福田恆存訳

抑圧が生んだ歪んだ自尊と復讐の書「黙示録」を読みとき、現代人が他者を愛することの困難とその克服を切実に問うた20世紀の名著。（高橋英夫）

貨幣論　岩井克人

貨幣とは何か？　おびただしい解答があるこの命題に、『資本論』を批判的に解読することにより最終解答を与えようとするスリリングな論考。

二十一世紀の資本主義論　岩井克人

市場経済にとっての真の危機、それは「ハイパー・インフレーション」である。21世紀の資本主義のゆくえ、市民社会のありかたを問う先鋭的論考。

相対主義の極北　入不二基義

絶対的な真理など存在しない――こうした相対主義の論理を極限まで純化し蒸発させたとき、そこに現れる「無」以上の「無」とは？（野矢茂樹）

カントはこう考えた　石川文康

カントの根源的な問いとは何だったのか。『純粋理性批判』の核心を読み解き、「理性」の起死回生ドラマをわかりやすく解き明かす画期的入門書。

知の構築とその呪縛　大森荘蔵

西欧近代の科学革命を精査することによって、二元論による世界の死物化という近代科学の陥穽を克服する方途を探る。（野家啓一）

ヘーゲルの精神現象学　金子武蔵

ヘーゲルの主著『精神現象学』の完訳を果たした著者による平易な入門書。晦渋・難解な本文に分け入り、ヘーゲル哲学の全貌を一望する。（小倉志祥）

実存からの冒険　西　研

ポスト・モダンの虚脱感にもめげず、〈充実した生〉を生きる可能性を、ニーチェとハイデガーに探る、若者のための哲学決定版。（川本隆史）

哲学的思考　西　研

フッサール現象学を徹底的に読みなおし、その核心である〈実存的世界〉と〈客観的世界〉とのつながりを解明。考えあうことの希望を提起。（渡邊二郎）

現象学と解釈学　新田義弘

知の絶対化を伴う現象学と知の相対化を伴う解釈学が出合ったとき何が起きたか。現象学と解釈学の邂逅と離別の知的刺激に満ちた深層分析の書。（谷徹）

ウィトゲンシュタイン『論理哲学論考』を読む　野矢茂樹

二〇世紀哲学を決定的づけた『論考』を、きっちりと理解しその生き生きとした声を聞く。真に読みたい人のための傑作読本。増補決定版。

増補　科学の解釈学　野家啓一

「知のヒエラルキー」を解体し、科学哲学に「科学的理性批判」という本来の哲学的課題を担わせ、現代の哲学状況と切り結ぶスリリングな論考。

もの・こと・ことば　廣松　渉

「事物」と「事態」の関係に立入り、言語の認識論的・存在論的位置づけを明らかにする。壮大なスケールの廣松哲学への最良の案内書。（熊野純彦）

事的世界観への前哨　廣松　渉

哲学や科学の「物象化的錯視」を批判し、存在論的・認識論的・論理学的諸契機の統一態として、新しい枠組「事的世界観」を構築。（野家啓一）

忠誠と反逆　丸山眞男

開国と国家建設の激動期における、自我と帰属集団への忠誠との相剋を描く表題作ほか、幕末・維新期をめぐる諸論考を集成。（川崎修）

エッフェル塔試論　松浦寿輝

万博を成功へと導き、百年余パリの象徴として君臨する塔の歴史を通して、現代の〈イメージ〉と〈記号〉の宿命を精緻に描ききる力作。図版多数。

現代人のための哲学　渡邊二郎

哲学とは諸説の紹介ではなく、現代を生きながら身近な問題と向き合い、人間的生き方を模索することなのだ。自分の頭で考える本来の哲学入門。

モードの迷宮　鷲田清一

拘束したり、隠蔽したり……。衣服、そしてそれを身にまとう「わたし」とは何なのか。スリリングに語られる現象学的な身体論。（植島啓司）

新編 普通をだれも教えてくれない　鷲田清一

「普通」とは人が生きる上で拠りどころとなるもの。それが今見えなくなった。身体から都市空間まで、「普通」をめぐる哲学的思考の試み。（苅部直）

新編 新宗教と巨大建築　五十嵐太郎

なぜ近代以降の宗教建築は、不気味なものと見なされてきたのか。新宗教をその建築や都市計画から読み解き話題を呼んだ書の書下ろし付増補版。

反オブジェクト　隈研吾

自己中心的で威圧的な建築を批判したかった――思想史的な検討を通し、新たな可能性を探る。いま最も世界の注目を集める建築家の思考と実践！

錯乱のニューヨーク　レム・コールハース　鈴木圭介訳

過剰な建築的欲望が作り出したニューヨーク／マンハッタンを総合的・批判的にとらえる伝説の名著。本書を読まずして建築を語るなかれ！（磯崎新）

東京都市計画物語　越澤明

関東大震災の復興事業から東京オリンピックに向けての都市改造まで、四〇年にわたる都市計画の展開と挫折をたどりつつ新たな問題を提起する。

新版大東京案内（上）　今和次郎編纂

昭和初年の東京の姿を、都市フィールドワークの先駆者が活写した名著。上巻には交通機関や官庁、デパート、盛り場、遊興、味覚などを収録。

新版大東京案内（下）　今和次郎編纂

モダン都市・東京の風俗を生き生きと伝える貴重な記録。下巻には郊外生活、特殊街、花柳街、旅館と下宿、細民の生活などを収録。（松山巖）

ちくま学芸文庫

青色本《あおいろぼん》

二〇一〇年十一月十日　第一刷発行
二〇一一年 三 月十日　第三刷発行

著者　ルートウィヒ・ウィトゲンシュタイン
訳者　大森荘蔵（おおもり・しょうぞう）
発行者　菊池明郎
発行所　株式会社 筑摩書房
東京都台東区蔵前二―五―三　〒一一一―八七五五
振替〇〇一六〇―八―四一二三
装幀者　安野光雅
印刷所　明和印刷株式会社
製本所　株式会社積信堂

乱丁・落丁本の場合は、左記宛にご送付下さい。
送料小社負担でお取り替えいたします。
ご注文・お問い合わせも左記へお願いします。
筑摩書房サービスセンター
埼玉県さいたま市北区櫛引町二―六〇四　〒三三一―八五〇七
電話番号　〇四八―六五一―〇〇五三

ISBN978-4-480-09326-4 C0110